El capitalismo y la economía científica

El capitalismo y la economía científica

*Una expresión matemática
del Tomo I de El Capital*

por

*Sebastián Hdez y
Alan Deytha*

Para realizar pedidos de este libro, contacte con:
Palibrio
1663 Liberty Drive
Suite 200
Bloomington, IN 47403
Gratis desde EE. UU. al 877.407.5847
Gratis desde México al 01.800.288.2243
Gratis desde España al 900.866.949
Desde otro país al +1.812.671.9757
Fax: 01.812.355.1576
ventas@palibrio.com
448385

Índice

Introducción

El objetivo de esta obra es expresar matemáticamente algunas de las secciones del primer libro de *El Capital*, por lo que se definieron los conceptos y se expresaron en ecuaciones y funciones con su respectiva representación gráfica. La realización de cualquier modelo con base en dichas funciones y ecuaciones es labor que se deja para futuros trabajos.

Esta obra *no* es una interpretación, revisión o resumen del primer tomo de *El Capital: La producción de plusvalor*, por el contrario, busca ir más allá de la mera repetición de las palabras de Karl Marx al desarrollarlas por medio de la aplicación de las matemáticas. Esta contribución además de ser un trabajo cuyo contenido matemático es mucho más sencillo que otros presentados previamente, pretende ser clara y fácil de seguir, por lo cual consideramos que es adecuada para que estudiantes de las ciencias sociales, principalmente del área económica, puedan tener una mejor comprensión del primer tomo de *El Capital*. Esta obra no es un libro de texto y tampoco un libro de apoyo con el cual seguir el primer libro de *El Capital* página por página, pero sí un texto que le permita a su lector profundizar en los fundamentos de la teoría económica marxista. Este libro también es útil para aquellos especialistas y académicos marxistas porque les ofrece un instrumento para llevar a cabo sus investigaciones.

Durante los ciento cincuenta años posteriores a la publicación de *El Capital* se han suscitado las más acaloradas discusiones por los diversos puntos de vista encontrados sobre esta obra, e igualmente se han formado diferentes facciones alrededor de ella. Esto ha dado lugar a un conjunto caótico de luchas internas a la teoría económica marxista sin poder llegar a un consenso o una base sobre la cual desarrollar la teoría o actuar en la vida política. Por lo cual encontrar armonía entre toda esa cacofonía, no es un lujo sino una necesidad. Aun cuando el presente trabajo no es capaz de hallar esta armonía, pretende contribuir en la medida de lo posible para lograrla, e igualmente se suma a los intentos por trazar un camino de trabajo, investigación y desarrollo sobre el cual seguir para armonizar las diferentes posturas en la práctica teórica misma.

Esta obra sigue la exposición del *Tomo I de El Capital* con una expresión matemática y una explicación concreta de la misma con el objetivo de esclarecer algunas de las confusiones y debates sin fin que se siguen suscitando dentro y fuera de la teoría marxista. Al poner el pensamiento de Marx en el lenguaje matemático los problemas que han surgido por la lectura de *El Capital* en distintos idiomas y sus respectivas traducciones, así como las interpretaciones a las que dieron lugar, podrían homologarse en un lenguaje universal que permita de una vez y para siempre dejar a un lado las ambigüedades. Creemos que si el debate se conduce en medio de la expresión matemática se acota el terreno en el cual se dialoga y se canaliza el esfuerzo colectivo hacia el mismo fin. El desarrollo disperso (como multiplicidad de 'teorías valor' basadas en la teoría de Marx), titubeante (cuestionamientos sobre si la teoría del valor de Marx es teoría del valor-trabajo o no) y recursivo (el infinito cuestionamiento de lo mismo) podrá ser sustituido por un desarrollo preciso y concreto. Es tiempo de terminar con los debates sobre lo que Marx quiso decir, lo que dijo o lo que no dijo y enfocarnos en desarrollar la teoría por medio de su formalización matemática. De este modo ya no se dirá tal o cual interpretación es errónea por las palabras de Marx, sino se dirá tal o cual argumentación es correcta o incorrecta y se puede presentar en tales o cuales ecuaciones y funciones. Así el objetivo queda bien determinado: formalizar la teoría económica científica. Sin duda que la expresión matemática no es la panacea, existen cuestiones fundamentales para los que las matemáticas son simplemente ajenas. De hecho muchos de los debates alrededor de la validez o veracidad de la teoría económica marxista, que llegan hasta sus fundamentos, no requieren de una "solución" matemática sino lógica. Por esta razón, en este libro exponemos esta lógica, pero también nos apoyamos en la expresión matemática para que se aprecie de mejor manera dicha lógica y porque además es un paso crucial para el desarrollo de la teoría marxista.

Creemos que la ruta de avance más importante en la actualidad para la teoría económica marxista es la matemática (probabilidad, estadística, sistemas dinámicos, etc.). Sólo así se podrá aspirar a la plena comprensión de los fenómenos económicos y sus relaciones con otros fenómenos sociales (políticos, ideológicos) que por su propia naturaleza son objeto de estudio de otras ciencias. Igualmente, esta es la única vía en que se puede alimentar la transformación de la sociedad, sólo así se puede aportar a la puesta en práctica de los conocimientos científicos para que la sociedad se apropie de sí misma y de su historia. Por lo cual es indispensable que la lucha político-cultural y el desarrollo científico se forjen bajo el mismo martillo. Esta obra busca humildemente colarse en esta necesidad y aportar una manera para subir al tren de la historia en esa dirección.

Conforme la formalización matemática avance podrá establecerse un consenso dentro de la teoría marxista y con ello exponer las leyes que ha logrado dilucidar ante todos aquellos críticos y opositores. Es importante que la lucha encarnizada dentro del marxismo cese y se luche teóricamente con lo que debe combatirse realmente. Esto no significa que el diálogo interno se acabe, por el contrario, es indispensable la unidad entre los marxistas para salir airosos de la guerra teórica. No debe temerse decirlo abiertamente, el desarrollo mismo de la teoría marxista forma parte de la lucha que una clase, consciente o inconscientemente, lleva a cabo para superar su estado de vida actual. El horizonte que tiene una lucha de este tipo no se detiene en la disputa por la verdad científica sino que con base en ella, va más allá, al impacto ideológico-cultural sobre las masas en la formación de sus consciencias y su actividad política transformativa.

La expresión matemática no es nueva, el autor de *Das Kapital* expresó con ecuaciones conceptos como el valor de una mercancía mediante su naturaleza relativa a otras mercancías o el cálculo de la tasa de explotación de la fuerza de trabajo. Igualmente los múltiples críticos atacaron la teoría de Marx fundamentalmente en términos matemáticos, no obstante dichas expresiones matemáticas han adolecido de entender la teoría desde sus principios y seguirlos en su lógica interna. Las expresiones matemáticas hechas por las corrientes interpretativas previas que incluyen autores como Bortkiewicz, Okishio, Sweezy, , Morishima, Lange, Steedman, etc. son erróneas porque no expresan la teoría del valor de Marx en sus propios términos, sino que amoldan la teoría del valor de Marx acorde a los desarrollos de la teoría económica burguesa (Walras, Pareto, etc.) y a las aplicaciones matemáticas de Leontief y Neumann a dicha teoría. De tal manera que concluyen o que la teoría económica de Marx es tan solo un desarrollo alterno al 'ortodoxo', pero que en esencia no es diferente, o concluyen que la teoría económica de Marx es errónea porque el acoplamiento que ellos realizaron de la teoría de Marx es contradictorio o inconsistente. Este hecho es notorio en todos sus escritos, donde los conceptos clave (fuerza productiva del trabajo, intensidad del trabajo, trabajo necesario, tiempo de trabajo promedialmente necesario, etc.) que Marx utiliza están ausentes; y en los casos en que emplean algunos de estos conceptos únicamente los usan como si fueran términos que designan un concepto construido por la teoría burguesa. De la misma manera, los marxistas han respondido con expresiones matemáticas muy similares a las de los críticos, por lo cual han terminado aceptando total o parcialmente las críticas sin realmente profundizar en la base teórica. Esto ha conducido a un distanciamiento entre la teoría económica y su formalización matemática, distanciamiento que ha llevado a dos posibles respuestas entre los marxistas: (1) la teoría económica de Marx no se puede expresar o formalizar matemáticamente, aceptando implícitamente que esta teoría es ininteligible y como los críticos dicen "metafísica", o (2) lo que se requiere es poner la teoría económica de Marx en sus propios términos. La primera opción demuestra el gran vacío teórico y práctico de los marxistas, por lo que consideramos adecuada la segunda opción. Sin embargo algunos de los que la han seguido, han dado lugar a la creencia de que la solución es realizar la lectura textual y evidente de las palabras de Marx e interpretarlas correctamente. Encontrar la lectura correcta de una verdad intrínseca al interior de las obras de Marx. Nosotros creemos que la respuesta no se encuentra en descubrir lo que Marx realmente dijo, lo que quiso decir, lo que le faltó decir, eso sería considerar las palabras de Marx como las palabras verdaderas que habría que develar en símbolos que porten la "verdad" terminada. Por el contrario, creemos que la respuesta se encuentra en considerar que la teoría de Marx es una teoría inacabada tanto en forma como en contenido y la única manera de ponerla en sus propios términos es desarrollándola, en producir a partir de su producción pasada, en criticar su crítica pasada y así llegar en la conclusión a un conocimiento que ya existía en esencia pero no plenamente consciente y definitivamente no en esa forma. Nuestra contribución no radica en la creación de nuevos conceptos o en la explicación nueva de algún fenómeno, sino en la forma en que se expresan los conceptos ya creados, en la formalización matemática de los descubrimientos ya hechos.

Por lo dicho anteriormente en este libro no se encontrarán citas de *El Capital*. Nuestro objetivo es desarrollar la teoría, no tratar de actualizarla o redescubrir su verdad en ella. Además, como todo se encuentra basado en esta obra, de haber incluido fragmentos el texto entero se hubiera convertido en una repetición de las palabras de Marx. Igualmente no se presentan citas textuales porque consideramos una tarea primordial para la economía científica dejar de lado la aprobación o desaprobación por las palabras de Marx, lo importante es enfocarse en la teoría. La expresión matemática no es una simple 'traducción' o transformación de las palabras en símbolos que contienen la verdad en ellos, razón por la cual, no se busca sustentar las ecuaciones o funciones en citas textuales de Marx. Podría creerse que es necesario respaldar la expresión matemática en fragmentos de *El Capital*, como si eso comprobara que las ecuaciones son ciertas, como si los fragmentos seleccionados fueran necesarios para garantizar que las ecuaciones portan la verdad en sí mismas. Sin embargo, cuántas veces múltiples autores han usado palabras de Marx, ya sea en contexto o fuera de contexto, para armar sus argumentaciones, fundamentar sus ideas y justificar sus actos. Presentar citas textuales conduciría a querer corroborar cualquier desarrollo matemático de la economía en las palabras de Marx, como si ya todo estuviera *dicho*, como si las matemáticas no fueran también un medio por el cual la economía científica puede romper barreras actuales y proyectar nuevos horizontes.

Si la teoría económica marxista ha logrado mantenerse vigente a pesar de su poco desarrollo, de los prejuicios y el descredito que se erigen sobre ella (principalmente por las presuntas "aplicaciones prácticas" que se han llevado a cabo como la U.R.S.S. o Corea del Norte) se debe a su gran potencial explicativo. No obstante, la teoría marxista no puede seguir dormida y la única manera en que despierte y enfrente su finalidad como transformadora de la realidad es con su desarrollo.

La temática alrededor de la cual se han enfrentado los críticos y defensores o intérpretes de la teoría marxista han sido principalmente la validez de la "teoría del valor trabajo de Marx" (que en ocasiones se asume igual o casi igual a la teoría del valor trabajo de sus predecesores como Ricardo o Smith), la transformación de los valores en precios de producción y la caída de la tasa de ganancia. Dichos debates se han articulado por medio de una expresión algebraica (matricial) de la teoría del valor trabajo, de la composición del capital en variable y constante y con ello de la formación del sistema de precios. Actualmente la *Nueva Interpretación* y la *Interpretación temporal y de sistema único* (TSSI por sus siglas en inglés) son las expresiones más avanzadas de las defensas e interpretaciones marxistas. Simpatizamos ampliamente con la Interpretación temporal y de sistema único exactamente en los términos que la definen, es decir, por su postura de que la teoría económica de Marx únicamente puede ser entendida y expresada temporalmente y que su sistema analítico y de medida es único. De hecho, estos dos puntos son presentados a lo largo de todo el libro de una forma distinta a la que se ha presentado hasta ahora. También simpatizamos con esta interpretación en su labor crítica ante las expresiones matemáticas plenamente erróneas del pasado y su demostración de que tales expresiones matemáticas son incongruentes con la teoría económica marxista. Es importante resaltar que esta labor fue emprendida y sigue llevándose a cabo notablemente por Andrew Kliman y Alan Freeman y tendrá un profundo significado en el futuro de la economía. Respecto a la Nueva Interpretación compartimos su búsqueda por aclarar los controvertidos debates sobre la teoría económica marxista pero tratándose de su cuerpo teórico creemos que forma parte del mismo dispositivo de conocimiento que los críticos burgueses y por ello llegan a resultados muy similares. Nuestro objetivo inmediato no es debatir con estas interpretaciones, debido a que todavía no presentamos nuestra postura respecto a los puntos principales sobre los que tratan, sin embargo será de vital importancia debatir con ellas en un futuro para lograr el consenso dentro de la teoría económica marxista y poder desarrollarla en otros niveles. Por lo pronto creemos que es más importante *partir desde la base de la teoría* para ubicar la problemática que enfrenta la teoría económica marxista ante las objeciones y críticas que se le han hecho. Creemos que la razón clave de la carencia de respuestas contundentes a las críticas radica en la *falta de desarrollo desde la base teórica* acompañada de su formalización matemática y no nada más en algún tipo de lógica o metodología. Siendo la base teórica los principios más básicos de la teoría económica de Marx.

Este libro se distingue de todas las interpretaciones e intentos previos por "matematizar" a Marx, en que no partimos de algún problema o crítica a resolver y tampoco de secciones sobre el plusvalor o algún tema en particular, partimos desde los principios más básicos de la exposición teórica de Marx, desde la primera página del Tomo I de *El Capital*. Además, para captar y desarrollar la teoría de Marx en su plenitud es necesario ir más allá del álgebra y hacer uso de otras ramas de las matemáticas como el cálculo y también hacer uso de unidades de medición. Por esta novedad la bibliografía no es muy amplia. A pesar de buscar trabajos que hubieran expresado matemáticamente desde sus comienzos el primer libro de *El Capital* en este sentido nos encontramos con pocos desarrollos, los cuales parten, en su mayoría, de la sección sobre el capital constante y variable y pronto se precipitan al tercer libro. Respecto a este punto es importante aclarar que quizá quien mejor ha trabajado y explicado el primer libro de *El Capital* y comenzó a realizar su expresión matemática ha sido Fred Moseley, cuyo trabajo ha sido en gran medida nuestro punto de partida.

El orden de la presente obra sigue casi de manera exacta la presentación del primer libro de *El Capital*, con la diferencia de que se clasificó su contenido de acuerdo a las teorías que corresponde cada sección: teoría del valor, teoría del dinero, teoría del plusvalor, el salario y la teoría de la acumulación. El capítulo sobre el salario es el único que no fue nombrado como 'teoría' porque el desarrollo de la teoría del salario no corresponde al libro de *El Capital* sino al libro del *Trabajo Asalariado*, por lo que únicamente se menciona lo que se necesita saber sobre el salario desde la perspectiva del capital.

Los aportes y puntos fuertes de esta obra son el esclarecimiento de la teoría del valor de Marx y el seguimiento hasta sus últimas consecuencias dentro del primer libro de *El Capital*. Para esto, el principal aporte realizado fue aclarar la relación entre el trabajo y valor (que comúnmente entre los marxistas se consideran como sinónimos) por medio del concepto fuerza productiva del trabajo. La cantidad de trabajo empleado en la producción (contenido en las mercancías) es su contenido de valor y lo que determina la cantidad de trabajo empleado para producir mercancías (lo que determina la cantidad de valor contenido en las mercancías) es la fuerza productiva del trabajo. Esta relación entre el producto y el trabajo empleado para conseguirlo es el trabajo necesario. El valor es el tiempo de trabajo promedialmente necesario (la media de los trabajos necesarios de cada productor) para producir una misma cantidad de producto. Detrás de esta relación físico-social se encuentra lo que Marx enfatizó en que era una diferencia fundamental entre su teoría y la teoría de pensadores previos: el carácter bifacético del trabajo. El carácter mercantil del producto se debe al carácter disociado de las relaciones sociales de producción que no funden en un solo cuerpo consciente el trabajo y su fuerza productiva. El carácter bifacético del trabajo consiste en que por un lado el trabajo se manifiesta como útil o concreto porque funciona de manera transformadora en la producción gracias a una fuerza productiva del trabajo que lo activa, y al mismo tiempo ese trabajo es abstracto porque, de acuerdo a la dimensión de la fuerza productiva que utiliza, cuenta como determinada cantidad alícuota del trabajo social necesario para satisfacer las necesidades de la sociedad. Este desarrollo de la teoría de Marx, que él mismo expresó de manera consciente, consiste únicamente en su formalización matemática, no obstante este desarrollo es el principio gracias al cual nuestro entendimiento se abrió paso para poder seguir la teoría económica marxista presentada en el primer libro de *El Capital*.

En las notas de pie de página podrán encontrarse cuatro cosas: (1) las páginas de *El Capital* de donde hemos partido (utilizando la décima edición de la editorial Siglo XXI), (2) las labores cruciales que deben realizarse en el futuro, (3) ampliaciones del razonamiento y aclaraciones respecto a lo que han dicho otros pensadores y (4) como la teoría marxista "es un discurso cuya instauración ha tenido lugar a propósito de la derivación de ciertos conceptos económicos, pero que en cambio define las condiciones en las que se ejerce el discurso de los economistas puede valer por tanto, como teoría y crítica de la economía política" (Foucault, 1970) se realizan observaciones y énfasis sobre la diferencia entre la teoría económica marxista y la teoría económica convencional o burguesa (neoclásica, keynesiana, neo-keynesiana, post-keynesiana, etc.). En este sentido es fundamental subrayar *el carácter histórico y social de la teoría económica marxista*, que a pesar de dirigirse a la explicación de un objeto de estudio preciso: la economía, no la aísla del resto de los estudios sociales, sino al contrario, la vincula con ellos. Con esto logra definirla en un terreno más concreto evitando la intromisión de los temas humanistas de la psicología, la racionalidad, la naturaleza humana, etc. que le han impedido a las otras teorías explicar de manera científica el funcionamiento de la economía y su evolución.

El título de esta obra es *El capitalismo y la economía científica* porque creemos que la única teoría económica que puede llamarse propiamente científica es la marxista por su método, sus características analíticas y su correspondencia con la realidad. Si bien no pretendemos demostrar esta última aseveración en esta obra, ya que se requiere un largo desarrollo antes de una corroboración empírica conforme se avance en la lectura podrá verse más claramente por qué lo afirmamos. El lector será testigo de este hecho si relaciona concienzudamente los hechos que vive con el razonamiento presentado. El subtítulo *Una expresión matemática del Tomo I de El Capital* significa en primer lugar, que no es la única expresión matemática posible y en segundo lugar se relaciona con lo que se trató previamente: el desarrollo de la economía como ciencia requiere su formalización matemática. No obstante, esta afirmación no debe conducir a equívocos. Esta expresión matemática no hace de la teoría económica marxista más o menos científica. La "matematización" de las teorías no define su cientificidad o carencia de la misma, sólo es una vía de formalización (en un lenguaje distintivamente apropiado) que en el caso de la economía es la más importante. Igualmente no debe pensarse que hayamos "convertido" la teoría económica marxista en científica, esta teoría convirtió al saber económico en ciencia por una fuerte crítica, la cual a su vez pertenece, como explicó Althusser, a una revolución epistemológica más amplia (la constitución de la Historia como campo científico al que pertenecen la economía, la política y sociología como ciencias autónomas cuyos vínculos se encuentran enmarcados por la historia como eje rector).

Las expresiones se obtuvieron primero por medio de una lectura atenta y un profundo análisis de cada sección en particular y de su seguimiento y coherencia con el resto del tomo y después por un arduo debate entre los autores hasta quedar ambos de acuerdo y satisfechos.

Compartimos la idea de Freeman y Kliman de que la teoría económica marxista hasta ahora ha sido presentada matemáticamente en términos de las otras teorías y no en sus propios términos, los cuales son consistentes lógicamente. Por esta razón estamos de acuerdo con ellos cuando dicen que "las reclamaciones de que su teoría del valor [de Marx] es *necesariamente errónea*, porque es invalida lógicamente, son falsas" (Freeman, Kliman, 2000, traducción propia). Mas esto no significa que se ha buscado una defensa de todo cuanto ha sido desarrollado en *El Capital*, sino únicamente se busca su exposición certera, utilizando sus propios conceptos y métodos. Sin duda el hecho de que la teoría sea consistente en sí misma no implica "que las conclusiones teóricas de Marx sean correctas necesariamente. Sin embargo, implica, que se requiere investigación empírica para poder determinar si son correctas o no. Bajo fundamentos lógicos, no existe justificación para descalificar sus teorías *a priori*" (Kliman, 2007, traducción propia). Si se quisiera afirmar la veracidad de la teoría de Marx sin confrontarla empíricamente con la realidad el desarrollo teórico se vería ensuciado y la evolución científica se vería limitada por una posición apologética. Por esta razón, en esta obra se encuentra una expresión matemática que se puede desarrollar de tal manera que pueda evaluarse empíricamente si la teoría económica marxista explica la realidad o no. Lo que ha de perseguirse es la profundización de lo existente por medio de la maleabilidad y adaptabilidad de las categorías y los conceptos, así como la creación de otros ante la necesidad explicativa y la comprobación empírica, sin dejar de lado el método investigativo y crítico del autor cuyas palabras hemos intentado entender y llevar críticamente.

Finalmente queremos hacer mención de las personas gracias a las cuales pudimos concluir este proyecto. Le agradecemos al Maestro Patricio Sepúlveda por creer en nosotros, guiarnos e impulsarnos en todo momento. Le agradecemos al Dr. Alejandro Valle por sus observaciones, comentarios y consejos para mejorar el contenido del libro. Agradecemos al Dr. Andrew Kliman por sus comentarios para los primeros dos capítulos del libro, contacto que no logramos mantener por la falta de tiempo para traducir el resto del libro. No obstante, en nosotros recae toda la responsabilidad por los errores, omisiones o carencias encontradas en la obra.

También queremos agradecerle a nuestro amigo y compañero Alberto Iturria, quien en una plática informal y de manera graciosa fue quien nos planteó emprender esta tarea.

De manera personal (Sebastián Hdez.) quisiera agradecerle a Ana Munguía por el apoyo e inspiración sensitiva que me brindó para que se me presentaran múltiples ideas. También quiero darle las gracias a David Pérez por sus comentarios y su apoyo personal en el proyecto. Finalmente quiero agradecer el interés y apoyo de Franz Oberarzbacher por la publicación del trabajo.

A. Sebastián Hdez. Solorza y Alan A. Deytha Mon

5 de Mayo 2012
Ciudad de México

"La manera como se presentan las cosas no es la manera como son; y si las cosas fueran como se presentan la ciencia entera sobraría."

Karl Marx

"Las formas de apariencia son reproducidas directa y espontáneamente, como modos usuales y corrientes de pensamiento; la relación esencial debe ser primero descubierta por la ciencia."

Karl Marx

1. Teoría del valor[1]

Mercancía

Las mercancías constituyen la riqueza de cualquier sociedad mercantil (sociedades basadas en el intercambio) y en especial de la sociedad capitalista por ser la economía mercantil más desarrollada. Una *mercancía* es un objeto que por sus propiedades satisface necesidades humanas sociales de cualquier tipo, ya sean reales o imaginarias. El término mercancía es un *concepto* concerniente a un tipo de economía (mercantil) y no puede utilizarse para otra época socio-histórica cuyo orden no esté determinado por el intercambio. Existen dos condiciones fundamentales que debe cumplir un objeto para que sea considerado una mercancía, una característica cualitativa y otra cuantitativa. Comenzaremos explicando el rasgo cualitativo que es el valor de uso y posteriormente analizaremos cómo se presenta el carácter cuantitativo.

Valor de uso

Cualitativamente decimos que una mercancía es un *valor de uso* o un bien por la utilidad (función, aplicación) que tiene para la persona que lo consume. Es decir la *capacidad* de *satisfacer una necesidad*. La sociedad mercantil está integrada por múltiples miembros separados unos de los otros por la división del trabajo gestada históricamente. Por esta razón no producen objetos para satisfacer sus necesidades sino que producen para satisfacer las necesidades de otros, por lo cual también la única manera de satisfacer sus propias necesidades es adquiriendo los objetos producidos por los otros. Esto significa que el fin de la producción es el intercambio. Y como el intercambio únicamente sucede si unos individuos están dispuestos a recibir lo que otros individuos producen, la *producción de mercancías* no es nada más la producción de valores de uso, sino la producción de *valores de uso sociales*. Esto es lo que determina cualitativamente el carácter mercantil de un objeto. En una economía mercantil se *producen objetos no por la utilidad inmediata que tienen para el productor directo, sino que se producen con el único propósito de intercambiarlos* a personas que no los producen, lo cual requiere que satisfagan necesidades sociales.

Una cantidad mayor de valores de uso constituye una riqueza material más grande porque con ellas se puede satisfacer una mayor cantidad de necesidades.

Valor

Valor de cambio

Para analizar la mercancía cuantitativamente partamos de un acto de intercambio común en el que se toman cualesquiera dos mercancías y se las compara con la siguiente

---

[1] Este capítulo se realizó basado en el capítulo 1: La mercancía, pp. 43-58.

ecuación: x *cantidad de la mercancía A = y cantidad de la mercancía B*.   Esta ecuación nos muestra que existe una proporción de cambio entre las mercancías. Ahora bien, la existencia de una proporción bajo la cual se intercambian las mercancías nos dice que existe algo en común entre ellas. La mercancía A y la mercancía B comparten una característica que las hace comparables en el intercambio. El *valor de cambio* es la forma bajo la cual se manifiesta la existencia de una sustancia que hace comunes a los productos sociales. Esto da lugar al cuestionamiento ¿qué es lo que tienen en común ambas mercancías? ¿Qué es lo que las hace conmensurables o equiparables?

Sustancia del valor

La característica que permite comparar las mercancías entre sí en el intercambio debe ser una característica que *todas* posean. Podría considerarse que alguna propiedad natural o corpórea de las mercancías puede ser esa característica en común, sin embargo los atributos químicos o físicos hacen útiles a las mercancías para satisfacer una necesidad pero no permiten expresar una proporción de intercambio entre los objetos. El intercambio responde a un más o un menos, esto es, una relación exclusivamente cuantitativa, por lo que no pueden considerarse rasgos cualitativos para explicar la sustancia común entre las mercancías.

Lo que permite comparar cuantitativamente todas las mercancías no necesita encontrarse físicamente en ellas, pero puede haber sido parte de su formación, de su producción. La característica común a todas las mercancías es lo que materialmente las hizo ser objetos capaces de satisfacer una necesidad: ser productos del trabajo. Al excluir cualquier rasgo particular en relación al carácter útil de las mercancías (como el sentarse de las sillas o cubrirse del frío gracias a un suéter), también se excluyen tipos de trabajo particulares (el trabajo del carpintero o el costurero). Por consiguiente la *sustancia del valor* es el trabajo humano indiferenciado, abstracto de cualquier particularidad.

También esa sustancia es común porque es un carácter social. El gasto de trabajo humano indistinto desempeñado por cada productor es una parte del total de la *fuerza humana de trabajo social* para producir las mercancías y por ello es que podemos compararlas como valores. Esto es, el *trabajo humano* (como gasto de trabajo humano indiferenciado que sólo ocupa una porción del trabajo social) es *la sustancia del valor*.

Magnitud del valor

Regresando a la ecuación previa ¿qué quiere decir que x cantidad de la mercancía A sea igual a y cantidad de la mercancía B? Que ambas cantidades tienen la misma magnitud de esa sustancia en común, esto es, que tienen la misma cantidad trabajo humano social contenido en ellas. Lo cual nos lleva a preguntarnos ¿cómo medir la *magnitud del valor*? Por la *cantidad de sustancia generadora de valor*: el *tiempo de trabajo*. La cantidad de trabajo se mide por su duración (segundos, minutos, horas, días, meses, etc.)[2]. Por tanto decimos que x cantidad de la mercancía A equivale a y cantidad de la mercancía B porque fueron producidas en el mismo lapso. Por ejemplo 5 zapatos valen tanto como 4 cuadernos porque ambas cantidades mercancías fueron fabricadas en 10 horas. Igualmente si un automóvil se produce en 50 horas y una televisión se produce en 5 horas entonces el carro vale 10 veces más que el televisor.

Cada productor elabora cierta cantidad de mercancías de tipo i (q_e^i), en las cuales está contenido cierto tiempo de trabajo (l_e) desempeñado a cierta intensidad de trabajo (γ_e). Dicho tiempo de trabajo y su intensidad se encuentra impulsado por la fuerza productiva del trabajo con la que cuenta (f_e).

$$q_e^i(f_e, l_e, \gamma_e) = f_e \left(\frac{unidades\ mercancía}{horas} \right) * l_e^{\gamma_e}(horas)\ unidades\ de\ mercancía^3$$

Esta es una simplificación de la función de producción que se irá desarrollando para mostrar cómo funciona en el modo de producción capitalista.

La fuerza productiva del trabajo (f_e) está formada por el conjunto de sus determinantes: el nivel medio de destreza del trabajador, el nivel de desarrollo de la ciencia y sus respectivas aplicaciones tecnológicas, la coordinación del proceso de producción, la escala y eficacia de los medios de producción (materias primas, instrumentos de trabajo, etc.), las condiciones naturales, entre otros. La fuerza productiva del trabajo al multiplicar al trabajo, potenciado por su intensidad, hace que se produzcan más unidades de mercancía por unidad de tiempo, razón por la cual se mide como unidades de mercancía i/unidad de tiempo (horas por ejemplo)[4].

A mayor fuerza productiva del trabajo mayor será la cantidad de mercancías que se produzcan en un espacio de tiempo y viceversa.

---

[2] Las unidades de medida son fundamentales para cualquier ciencia, sin embargo "hay una carencia muy difundida en la profesión de economista: se usan mal las matemáticas cuando se considera que los números no tienen unidades. Este error imperdonable en las llamadas ciencias naturales es frecuente en la economía quizás por […] hablar durante muchos años de una utilidad inconmensurable" (Valle, 1978). La teoría marxista establece claramente las unidades de medida del valor y cómo se pueden obtener fácilmente con instrumentos de medición de tiempo (como el reloj), mientras que la teoría convencional o burguesa no puede explicar en qué se mide y con qué se mide el valor (la 'utilidad' que es el grado de satisfacción por el consumo de objetos). Esto es un reflejo de que la teoría económica convencional no logra encontrar qué es el valor, qué lo determina, cómo lo hace y cómo se expresa cuantitativamente.

[3] Esta función de producción expresa físicamente cuánto se produce con unidades de medición claras, a diferencia de la función de producción neoclásica que no puede expresar la manera en que se expresa el producto físico.

[4] Más adelante se verá cómo separar algunos elementos de la fuerza productiva, sin embargo el desarrollo pleno de esto concepto se deja para estudios posteriores.

$$\frac{\partial q_e^i}{\partial f_e} = l_e^\gamma > 0$$

A mayor cantidad de horas que se trabajen, mayor será la cantidad de mercancías que se produzca y viceversa.

$$\frac{\partial q_e^i}{\partial l_e} = \gamma_e * f_e * l_e^{\gamma-1} > 0$$

El $\gamma - 1$ significa que conforme se incrementa la cantidad de horas que se laboran la producción es menor. El trabajador o los trabajadores no pueden mantener la misma intensidad de labores si deben trabajar durante un periodo prolongado.

La intensidad del trabajo se refiere exactamente al grado de fuerza que aplica el trabajador durante el tiempo de trabajo en la producción, por lo cual también la podemos ver como un porcentaje que mide el desgaste por imprimir fuerza a su actividad. La intensidad de trabajo y su flexibilidad depende del tipo de labores que realiza el trabajador y de las aplicaciones tecnológicas de la ciencia en cada rama de producción[5]. Respecto al tipo de labores, la intensidad variará por las características de cada sector económico, por lo que no será igual en la minería (donde las labores no pueden ser tan intensas porque de ser así los trabajadores desfallecerían) que en la manufactura (donde la intensidad laboral puede ser más alta). Respecto a las aplicaciones tecnológicas (en su mayoría maquinaria), mayores aplicaciones tecnológicas amplían la posibilidad de incrementar la intensidad laboral, por ejemplo manufacturar mercancías sobre una banda transportadora permite aplicar una mayor intensidad de trabajo que en una mesa de trabajo.

A mayor intensidad del trabajo más mercancías son producidas y viceversa.

$$\frac{\partial q_e^i}{\partial \gamma_e} = f_e * \left(l_e^\gamma\right) * \ln(l_e) > 0$$

El $\ln(l_e)$ significa que conforme se incrementa la intensidad del trabajo, la cantidad de mercancías tiene un crecimiento logarítmico, es decir aumenta pero cada vez en menor cantidad. Esto el caso análogo al que se trató anteriormente. Si incrementa la intensidad del trabajo, el trabajador o los trabajadores no pueden mantener la misma jornada laboral porque el desgaste o cansancio incrementa.

---

[5] Debe notarse que la intensidad del trabajo no es lo mismo que la 'productividad marginal del factor de producción trabajo'. El concepto intensidad del trabajo sí se refiere a una "productividad física" y no a un grado de uso por la empresa. Además la manera en que la intensidad del trabajo incide en la 'retribución al factor trabajo' es diferente y se verá más adelante.

Si mantenemos la fuerza productiva del trabajo constante y graficamos una curva de nivel[6] de la función de producción encontramos tres casos según los valores de la intensidad del trabajo.

Si la intensidad del trabajo $\gamma_e \in (0,1)$ entonces la cantidad de mercancías que produce cada productor crece a tasas decrecientes. Esto quiere decir que la cantidad de mercancías que se producen tendrá un crecimiento menos que proporcional al uso de las horas contratadas.

Figura 1. $0 < \gamma_e < 1$

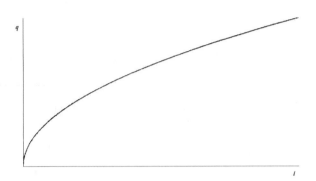

Si la intensidad del trabajo es igual a 1 o 100%, entonces la cantidad de mercancías que produce ese productor o sector crece a tasas constantes. Lo cual quiere decir que la cantidad de mercancías crecerá proporcionalmente a las horas utilizadas.

Figura 2. $\gamma_e = 1$

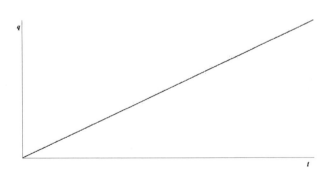

Si la intensidad del trabajo es mayor a 1, es decir la intensidad es superior al 100% la cantidad de mercancías que se producen crece a tasas crecientes. Esto significa que la cantidad de mercancías que se producen tendrá un crecimiento más que proporcional al tiempo de trabajo utilizado.

---

[6] Dada un campo escalar de dos variables por la expresión z=F(x,y), se llama curva de nivel k al conjunto de puntos x, y del dominio de F para los cuales F(x,y)=k.

Figura 3. *Si* $\gamma_e > 1$

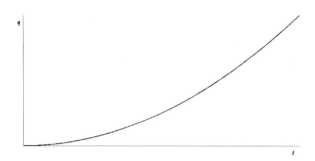

Tiempo de trabajo necesario para la producción por productor o empresa

Este es el tiempo de trabajo necesario que cada productor o empresa requiere para producir una mercancía ("valor" por empresa v_e).

$$v_e(f_e) = \frac{l_e^{\gamma_e}}{q_e^i} = \frac{l_e^{\gamma_e}}{f_e * l_e^{\gamma_e}} = \frac{1}{f_e} \; unidades \; de \; tiempo/ \; unidad \; de \; mercancía$$

A mayor fuerza productiva del trabajo del trabajo, menor tiempo de trabajo necesario para producir cierta cantidad de mercancías y viceversa. Esto significa que ante un aumento en la fuerza productiva se genera un ahorro de tiempo, con lo cual se requerirá menos tiempo de trabajo que antes para producir la misma cantidad de mercancías. Ver Figura 4.

$$\frac{dv_e}{df_e} = -\frac{1}{f_e^2} < 0$$

Figura 4.

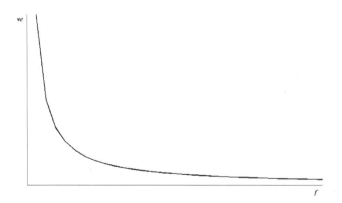

Con un aumento en la productividad del trabajo se abren dos posibilidades. La primera es que cada productor utilice la misma cantidad de horas totales que antes, con lo cual produciría una mayor cantidad de mercancías (caso A). La segunda opción es utilizar menos horas de trabajo en la producción y seguir produciendo la misma cantidad de mercancías que antes (caso B).

Por ejemplo, con $f_e = 2$, $l_e^{\gamma_e} = 25 \ horas$ y $f_e' = 4$:

Caso A: $q_e' > q_e$.

$$q_e^{i'} = 100 = 4 * 25 > q_e^{i} = 50 = 2 * 25$$

Caso B: $q_e = q_e'$. Con la fuerza productiva del trabajo

$$q_e^i = q_e^{i'} \Leftrightarrow f_e * l_e^{\gamma_e} = f_e' * l_e^{\gamma_e'} \Leftrightarrow l_e^{\gamma_e'} = \frac{f_e}{f_e'} * l_e^{\gamma_e}$$

$$q_e^i = q_e^{i'} \Leftrightarrow 50 = 2 * 25 = 4 * 12.5$$

Donde el nuevo trabajo necesario es: $l_e^{\gamma'} = \frac{2}{4} * 25 = 12.5$

En ambos casos el tiempo de trabajo necesario para producir cada unidad disminuye de 30 minutos $(25/50)$ a 15 minutos $(25/100 = 12.5/50)$, pero la cantidad de producto obtenida o de horas laboradas es diferente.

Ante cambios en la intensidad del trabajo el tiempo de trabajo necesario para producir una mercancía no se altera. Esto es porque para producir más mercancías se debe usar el mismo espacio de tiempo pero con un mayor gasto de trabajo, es decir no se genera un *ahorro de tiempo* de trabajo.

$$\frac{dv_e}{d\gamma_e} = 0$$

Al aumentar la intensidad de trabajo aumenta el tiempo de trabajo ($l_e^{\gamma_e}$) pero esto no afecta el tiempo de trabajo necesario para producir cada mercancía porque el tiempo de trabajo global incrementado se reparte proporcionalmente entre la mayor cantidad de mercancías producidas. Por ejemplo con una fuerza productiva del trabajo unitaria y 10 horas potenciadas por una intensidad igual a 1 se producen 10 unidades y el tiempo de trabajo necesario es de 1 hora por unidad $(10/10)$. Igualmente, con un tiempo de trabajo de 10 horas potenciado por una intensidad igual a 2, es decir 100 horas, se producen 100 unidades por lo que el tiempo de trabajo necesario también es de 1 hora por unidad $(10^2/100)$.

Un cambio en la fuerza productiva del trabajo disminuye el trabajo necesario porque cambia el proceso productivo, mientras que un aumento en la intensidad permite producir más pero con la misma técnica, por lo que no afecta al trabajo necesario. El mayor desgaste de los trabajadores es proporcional al incremento en la producción.

Ningún objeto puede ser portador de valor si no satisface alguna necesidad. Esto significa que *si nadie considera necesaria una mercancía* entonces el trabajo gastado para producirla habrá sido desperdiciado y cuenta como inútil. Por lo que tal mercancía no contendrá valor alguno.

Tiempo de trabajo socialmente necesario

Ahora bien, imaginemos múltiples productores que fabrican la misma mercancía. Algunos la producen en x horas, otros en $x + \varepsilon$ horas, y otros en $x - \varepsilon$ horas. ¿Esto significaría que la mercancía de los tres productores valdría diferente, que unos por ser "perezosos", y otros por ser "laboriosos" habrían producido con distinto valor la mercancía? No. Cada productor utiliza una parte del tiempo de trabajo social, por lo que cada uno de esos usos opera como gasto de fuerza de trabajo humano *promedio*. Por tanto el *valor* de cada mercancía es el *tiempo de trabajo socialmente o promedialmente necesario para producirla*. Esto significa el tiempo de trabajo requerido para producir dicha mercancía en las condiciones promedio de producción *vigentes* en una sociedad. Las condiciones promedio de producción se refieren a la producción con la fuerza productiva del trabajo promedio y el grado de intensidad del trabajo promedio.

Si las fuerzas productivas e intensidades del trabajo son iguales o muy similares el tiempo de trabajo que usa cada empresa es la misma o aproximadamente la misma, con lo cual el valor o tiempo de trabajo socialmente necesario (v_i) es la media aritmética simple:

$$v_i = \frac{1}{E} \sum_{e=1}^{E} v_e = \frac{1}{E} \sum_{e=1}^{E} \frac{1}{f_e}{}^7$$

Las **horas totales en el mercado** (L_i) es la suma de todo el tiempo de trabajo por empresa, es decir la suma de todos los tiempos de trabajo individuales que desempeña cada productor.

---

[7] Esto es lo que la teoría económica convencional llama "competencia perfecta". En las teorías científicas no hay espacio para expresiones ideológicas como "perfección" o "imperfección". La teoría económica convencional busca apologéticamente "demostrar" que el mercado es un ente casi perfecto, o que salvo por algunas imperfecciones (externalidades) todo sería tan perfecto como se puede por la existencia del mercado. Debido a que Marx trabajó con esta asunción (fuerzas productivas iguales y por consiguiente intensidades iguales y por ello producciones iguales, significando tiempos de trabajo necesarios iguales), para no alterar la expresión matemática, seguiremos asumiendo que ese es el caso. *Ya hemos desarrollado la generalización de este principio. Sus implicaciones son fundamentales y serán presentados en un trabajo futuro.*

$$L_i = \sum_{e=1}^{E} l_e$$

La **cantidad total de mercancías** (Q^i) producidas en el mercado de tipo i es la suma de las mercancías producidas por cada empresa.

$$Q^i = \sum_{e=1}^{E} q_e^i$$

La **fuerza productiva del trabajo social o promedio** (F) es la media de las fuerzas productivas del trabajo de cada productor.

$$F = \frac{1}{E} \sum_{e=1}^{E} f_e$$

La **intensidad del trabajo promedio o social** ($\bar{\gamma}$) es la media de las intensidades del trabajo en el mercado.

$$\bar{\gamma} = \frac{1}{E} \sum_{e=1}^{E} \gamma_e$$

Por lo que el **valor global en el mercado** también se puede expresar como las horas totales elevadas a la intensidad del trabajo promedio.

$$L_i^{\bar{\gamma}}$$

Si la variabilidad de las fuerzas productivas e intensidades del trabajo de cada empresa no es amplia entonces la cantidad de mercancías en el mercado se puede aproximar con la misma función de producción para cualquier productor pero con las variables sociales. Esto es como si pudiera considerarse a toda el cúmulo de productores de un mismo tipo de mercancías como uno solo.

$$Q^i (F, L_i, \bar{\gamma}) = F * L_i^{\bar{\gamma}} \, unidades$$

La poca variabilidad entre las fuerzas productivas del trabajo y las intensidades del trabajo se cumple por una amplia competencia.

Con esto se puede ver que el **valor** de cada mercancía se puede definir de acuerdo a los datos sociales[8].

---

[8] Para plantear y explicar la teoría del valor a plenitud es necesario que se introduzca la teoría probabilística y estadística. En este sentido, se puede notar que si se considera a las horas de trabajo, a la fuerza productiva del trabajo y a la intensidad del trabajo como variables aleatorias y a la función valor como una función de

$$v_i = TTSN = \frac{L_i^{\bar{\gamma}}}{Q^i} = \frac{L_i^{\bar{\gamma}}}{F * L_i^{\bar{\gamma}}} = \frac{1}{F} \quad horas\ por\ unidad$$

Esto significa que se miden todas las horas de trabajo que se ocupan en la producción de un mismo tipo de mercancía respecto a la cantidad total de mercancías producidas. Las mercancías pueden ser cualitativamente distintas (diferentes calidades, presentaciones, etc.) sin embargo, en términos de valor todas cuentan como la misma.

Al igual que el tiempo de trabajo necesario por empresa, el tiempo de trabajo socialmente necesario sólo depende de la fuerza productiva del trabajo, con la particularidad de que ahora es la fuerza productiva promedio o social.

Por esta razón, ante una mayor fuerza productiva del trabajo promedio o social, menor es el tiempo de trabajo socialmente necesario para producirla y por ende menor valor y viceversa.

$$\frac{dv_i}{dF} = -\frac{1}{F^2} < 0$$

El tiempo de trabajo socialmente necesario para producir la mercancía i tampoco cambia ante variaciones en la intensidad del trabajo promedio.

$$\frac{dv_i}{d\bar{\gamma}} = 0$$

Reexpresando el valor, podemos verlo como la media armónica:

$$v_i = \frac{1}{F} = \frac{1}{\frac{\sum_{e=1}^{E} f_e}{E}} = \frac{E}{\sum_{e=1}^{E} f_e}$$

Es importante recalcar que si las fuerzas productivas del trabajo de las empresas y las intensidades del trabajo tienen alta variabilidad tanto la media aritmética como la media armónica no son buenas medidas del valor.

---

ellas (por lo que también sería variable aleatoria) podría profundizarse el análisis y modelarse. Con datos podría comprobarse empíricamente y de su análisis podrían buscarse más vínculos con otras variables y sus efectos.

Figura 5. Valor unitario (TTSN)

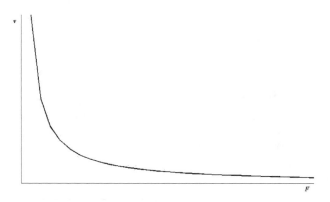

Para cualquiera de las dos definiciones del valor, aunque más notorio en la media armónica, a mayor cantidad de empresas menor será el cambio que ejerzan incrementos o disminuciones de las fuerzas productivas del trabajo de cada empresa en el valor de la mercancía. De hecho, si la cantidad de empresas compitiendo (E) es muy grande el cambio en el valor o trabajo socialmente necesario (v_i) es cero.

$$\lim_{E \to \infty} \Delta v_i(f_e) = 0$$

El tiempo de trabajo necesario de cada empresa puede encontrarse ya sea por encima, por debajo o al mismo nivel que el tiempo de trabajo socialmente necesario (valor). Esto se puede ver comparando las gráficas de tiempo de trabajo necesario por empresa con la gráfica de tiempo de trabajo socialmente necesario (valor).

Figura 6. Comparación del tiempo de trabajo necesario por empresa con el tiempo de trabajo socialmente necesario

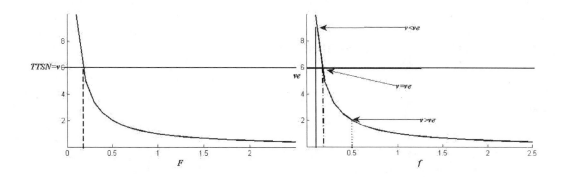

Una cosa u objeto puede ser un valor de uso y no tener valor, por lo cual *no es una mercancía*. Por ejemplo el aire, la tierra, el mar, el honor, etc. Todos estos elementos tienen una utilidad para el hombre pero *no han sido mediadas por el trabajo humano*, no han sido producidas, razón por la cual no tienen valor y al faltar este rasgo fundamental *no* puede catalogárseles como mercancías[9].

Carácter bifacético del trabajo

Los dos aspectos estudiados de la mercancía, el valor de uso y el valor, se deben a las dos maneras en que funciona el trabajo humano. Esta propiedad es el *carácter bifacético del trabajo*.

Trabajo útil o concreto

El valor de uso de las mercancías se debe al *trabajo útil o concreto*. Cada tipo de trabajo en específico transforma las materias primas en objetos útiles para la satisfacción de alguna necesidad. Por ejemplo, el trabajo que realiza un carpintero es un trabajo que transforma la madera en artículos como muebles que satisfacen la necesidad de sentarse, acostarse, almacenar objetos, etc.

---

[9] Esta es una de las principales críticas de Böhm-Bawerk (1947) a la teoría del valor de Marx. Existen bienes especiales y dones de la naturaleza que no tuvieron que ser producidos por medio del trabajo y sí tienen una "valoración" en el mercado. Böhm-Bawerk se refiere a que la gente estima tales bienes y dones de la naturaleza según sus gustos y por eso tienen un precio. En primer lugar, para que no haya equívocos, todavía no se habla de precio, eso corresponderá al capítulo dedicado a la teoría del dinero. Ahí se explicará porqué algunas cosas tienen precio sin tener valor. En segundo lugar, y más importante, esta crítica es hecha en general por todos los teóricos que sostienen la teoría del valor subjetivo, los cuales basados en el más burdo empirismo consideran que tal como ven la "realidad", como se les presentan las cosas en la superficie, es como suceden los fenómenos y procesos socio-históricos. Lo que Böhm-Bawerk y todos los críticos de la teoría del valor de Marx jamás mencionan es el contenido social e histórico de toda su teoría, con lo cual igualan su teoría del valor a la 'teoría del valor-trabajo' de economistas previos (e inclusive llegan a decir que es peor). La incomprensión de la ruptura epistemológica realizada por Marx y todas sus implicaciones es lo que pasan por alto. Omiten la relación fundamental entre la Historia como campo científico y la economía como una ciencia dentro de dicho campo. Por esta razón Marx *no pretende estudiar leyes eternas y asociales* basadas en la naturaleza humana o principios psicológicos inmutables, sino que pretende estudiar la estructura, composición, articulación, dinámica *del modo de producción capitalista*. Para conseguirlo, sigue un método diferente que usualmente no se percibe. Explica las características generales que se encuentran en todas las economías mercantiles, y con ello prepara el terreno para introducir *las diferencias específicas* del capitalismo (principalmente la relación social: capital-trabajo asalariado). La lectura de los *Grundrisse* y la *Introducción a la crítica de la economía política* de 1857 es fundamental para entender lo mencionado anteriormente. Es importante resaltar que el objeto concreto de estudio de la economía es la estructura económica de cualquier modo de producción y sus vínculos con los otros componentes de una formación social (política, ideología, derecho, cultura, ecología, demografía, etc.). Del vínculo entre el estudio de la economía y la cultura es de donde surge la comprensión de los deseos, preferencias y gustos de la gente. El desarrollo del fundamento epistemológico de la teoría marxista es indispensable para el desarrollo de la teoría marxista, trabajo que también se deja para futuros estudios.

Trabajo abstracto

El valor de las mercancías se debe a que son producto del *trabajo abstracto*, el cual es el trabajo humano indiferenciado y social. Sin importar de qué tipo sea el trabajo o qué persona lo realice constituye un gasto de fuerza de trabajo humano social. Existen dos tipos de trabajos abstractos: el *trabajo simple* (l^s) que es el trabajo que puede desempeñar cualquier persona sin ningún conocimiento o destreza especial y el *trabajo complejo* (l^c) que es trabajo simple multiplicado. Esto significa que una cantidad de trabajo complejo equivale a una mayor cantidad de trabajo simple[10].

$$l^c = \lambda\, l^s \ , \ \lambda > 0$$

Las variaciones en el valor de las mercancías también se deben a su carácter de trabajo abstracto. Esto es lo que habíamos visto anteriormente. Con una fuerza productiva del trabajo mayor se puede producir lo mismo que antes con menos tiempo de trabajo, es decir, incrementos en la fuerza productiva genera ahorros de tiempo de trabajo. La fuerza productiva del trabajo hace del trabajo útil una fuente más abundante de bienes.

Por el carácter bifacético del trabajo a una masa creciente de valores de uso puede corresponderle una disminución simultánea en su valor. Siguiendo el ejemplo visto anteriormente, imaginemos que antes se producían 50 unidades con una fuerza productiva de 2 y con 25 horas. Si la fuerza productiva incrementa a 2.5 y se utilizan 22 horas se producirán 55 unidades, se habrán producido más objetos y se habrá ahorrado tiempo de trabajo, lo cual se observa en el hecho de que el tiempo de trabajo necesario pasa de 30 minutos por unidad a 24 minutos por unidad. Esto significa que de mantenerse constante la masa de necesidades entre dos periodos, un incremento en la fuerza productiva del trabajo permitiría tener una *mayor cantidad de valores de uso y mayor tiempo libre para utilizarlo en otras actividades* (al mismo tiempo).

Ley del valor

El carácter útil del trabajo es una propiedad intrínseca del trabajo, pero el trabajo abstracto no. El carácter abstracto del trabajo se debe a la *forma social* en que está organizado el trabajo, es decir por las relaciones sociales de producción[11]. En *toda economía mercantil* el

---

[10] En todo el libro se considerará que se trata de trabajo simple. El trabajo simple, por ser el trabajo promedio en la producción depende del nivel tecnológico y cultural en cada época de una sociedad. Posteriormente se verá que en el modo de producción capitalista el trabajo simple y complejo se manifiestan a través del valor y consumo de la fuerza de trabajo. También es fundamental entender que el trabajo simple y socialmente necesario *no es un numerario* como argumentan Chapela y Obregón (1980). El trabajo simple no es launa unidad de medida del valor, ni es fijo, ya que cambia conforme cambia la productividad del trabajo y el nivel cultural (escolar, técnico, creativo, etc.) de los trabajadores.

[11] En toda economía mercantil los productores se encuentran separados unos de otros. El modo de producción capitalista es el tipo de economía mercantil más desarrollado, en el que se producen mercancías bajo la relación social de producción *capital-trabajo asalariado*. Sobre esta relación social de producción se basan las demás relaciones sociales de circulación y distribución del producto.

trabajo de cada productor o empresario es *trabajo privado* porque se encuentra aislado de todos los demás y solamente se vincula con ellos, o sea se convierte en *trabajo social*, por medio del *intercambio*, el cual es el único objetivo de la producción[12]. El producto, que es la *mercancía*, únicamente refleja esta estructura social. La interacción entre los productores privados se manifiesta en una relación de intercambio de mercancías cuyo *contenido social*, es *el valor*. Por esta razón el primer principio de la ley del valor es que *las mercancías se intercambian* de acuerdo a su valor, es decir, *de acuerdo al tiempo de trabajo socialmente necesario*.

El intercambio de acuerdo al tiempo de trabajo socialmente necesario, que habíamos visto bajo la ecuación: *x cantidad de la mercancía A = y cantidad de la mercancía B* se puede observar de la siguiente manera:

$$v_A * x = l^\gamma = v_B * y$$

El valor unitario de la mercancía tipo A multiplicado por la cantidad x de ese tipo de mercancía es igual al tiempo de trabajo empleado en su producción, el cual debe ser igual a la multiplicación del valor unitario de la mercancía tipo B por la cantidad y de ese tipo de mercancía.

Rescribiendo la ecuación anterior:

$$\frac{x}{f_A} = l^\gamma = \frac{y}{f_B}$$

Donde esas cantidades son producidas con la función de producción vista:

$$x = f_A * l^\gamma \quad , \quad y = f_B * l^\gamma$$

Los tiempos de trabajo socialmente necesarios cambian constantemente bajo ciertos principios. Estos *principios de variación* también quedan científicamente explicados en la ley del valor. Esta ley del valor es válida para toda economía mercantil, particularmente para el capitalismo por ser la expresión más desarrollada de la economía mercantil.

La *ley del valor es válida exclusivamente para las economías mercantiles*, porque de cambiar las relaciones sociales de producción cambiaría con ello toda la estructura social y por ende sus interacciones. El mecanismo por medio del cual se cumple la ley del valor es la competencia, la cual únicamente se desarrolla a plenitud en el modo de producción capitalista. Todas las empresas buscan incrementar su fuerza productiva del trabajo para disminuir el trabajo necesario y con ello encontrarse por debajo del valor social

---

[12] Como dice Hilferding (1971) "la sociedad basada en la propiedad privada y en la división del trabajo sólo es posible por la relación de los individuos que cambian unos con otros. Deviene sociedad mediante el proceso de cambio […] Dentro de semejante acto de cambio el bien se ha convertido en mercancía, en una cosa cuyo destino no es ya la necesidad individual […] sino que está destinada a la sociedad y es dependiente de las necesidades del cambio de materia de la sociedad en todos sus azares".

(posteriormente se analizará qué beneficios obtiene la empresa por conseguir tal hecho). Y precisamente porque todas se dirigen al mismo objetivo los valores se uniforman y tienden a ser los mismos.

Figura 7. Ley del valor

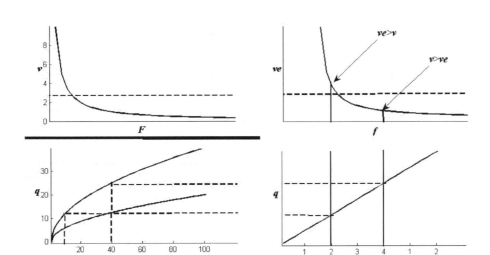

La figura 7 ilustra la ley del valor. La gráfica en la esquina inferior izquierda muestra que con una productividad del trabajo mayor a otra se puede producir la misma cantidad de mercancías (q) con una menor cantidad de trabajo (l). De la grafica anterior se trasladan los valores de la producción a los de la grafica en la esquina inferior derecha (que es una traza[13] de la función de producción), en la cual se ve cómo a mayor fuerza productiva del trabajo se produce una mayor cantidad de mercancías (con el número de horas constante). Esta última gráfica se compara con la que se encuentra encima de ella, así se puede ver claramente cómo puede disminuir el tiempo de trabajo necesario de la empresa y aumentar la producción. A su vez, la gráfica del tiempo de trabajo necesario se puede comparar con la del tiempo de trabajo socialmente necesario, como ya se había hecho antes. No existe relación alguna entre la gráfica de la función de producción de la empresa con la del valor social.

En la figura 8 podemos ver los principios de variación del valor de acuerdo al tiempo de trabajo empleado para producir mercancías.

---

[13] La traza en geometría es la intersección de la función con los planos, siendo estos en una función z=F(x,y): x,y; x,z; y,z.

Figura 8. La Ley del Valor

Ley del Valor (de utilizarse la misma cantidad de tiempo de producción previo al cambio)		
	Incremento en la fuerza productiva del trabajo (f, F)	Incremento en la intensidad del trabajo $(\gamma, \bar{\gamma})$
Cantidad de Mercancías (q_e^i, Q_i)	Aumenta	Aumenta
Valor Global por empresa (l_e^γ)	Constante	Aumenta
Valor Unitario por empresa (v_e)	Disminuye	Constante
Valor Global del Mercado (L)	**Constante**	**Aumenta**
Valor = Tiempo te Trabajo Socialmente Necesario (v_i)	**Disminuye**	**Constante**
(de utilizarse la cantidad de tiempo necesaria para producir la misma cantidad de mercancías previas al cambio)		
Cantidad de Mercancías $(q_e^i Q_i)$	Constante	Constante
Valor Global del Mercado (L^γ)	**Disminuye**	**Aumenta**
Valor = Tiempo de Trabajo Socialmente Necesario (v_i)	**Disminuye**	**Constante**

Ejemplos

Ahora se ilustrarán todos los conceptos definidos con unos ejemplos.

1) Una empresa produce contratando 100 horas de trabajo, cuenta con una fuerza productiva igual a 10 mercancías por hora y una intensidad de trabajo igual a 1. ¿Cuántas unidades produce dicha empresa?

$$q_e^i = 10 \, (100)^1 = 1{,}000 \; unidades$$

¿Cuál sería el valor unitario por empresa de las mercancías producidas?

$$v_e = \frac{1}{10} = 0.1 \; horas \; por \; unidad$$

¿Qué sucedería si la fuerza productiva del trabajo de la empresa se duplicara y esta siguiera contratando 100 horas de trabajo con la misma intensidad de labores?

$$q_e^i = 20 \, (100)^1 = 2{,}000 \; unidades$$

$$v_e = \frac{1}{20} = 0.05 \; horas \; por \; unidad,$$

El valor total que aporta esta empresa es el mismo, no obstante el valor unitario de las mercancías que produce se reduce a la mitad porque la fuerza productiva del trabajo se duplicó y se incrementa la cantidad de mercancías producidas al doble.

¿Qué ocurriría si la intensidad del trabajo se incrementa a 1.5, manteniendo la fuerza productiva del trabajo inicial de 10 y continuara contratando 100 horas de trabajo?

$$q_e^i = 10 \, (100)^{1.5} = 10{,}000 \; unidades$$

$$v_e = \frac{1{,}000}{10{,}000} = 0.1 \; horas \; por \; unidad$$

Incrementa la cantidad de mercancías producidas, el valor total que aporta la empresa es mayor (1,000), pero el valor de cada mercancía permanece constante porque cambios en la intensidad no alteran el valor de la mercancía.

2) El mercado de la mercancía i está constituido por treinta empresas. Este mercado se encuentra dividido en tres grupos de diez empresas. El primero de ellos produce 100 mercancías con 1,000 horas de trabajo, una fuerza productiva de trabajo igual a $\frac{1}{10}$ y una intensidad del trabajo unitaria. El segundo y tercer grupo producen con la misma cantidad de horas totales y la misma intensidad del trabajo pero con diferentes fuerzas

productivas del trabajo, $\frac{1}{9}$ y $\frac{1}{11}$ respectivamente. ¿Cuál sería el valor de la mercancía i (*TTSN*) y cuántas mercancías del tipo i existirían en ese mercado?

La producción y valor por empresa es:

$$q_1 = \frac{1}{10}(1{,}000)^1 = 100 \; unidades \; ; y \; v_1 = \frac{1}{0.10} = 10 \; horas \; cada \; unidad$$

$$q_2 = \frac{1}{9}(1{,}000)^1 = 111.11 \; unidades \; ; y \; v_2 = \frac{1}{0.1111} = 9 \; horas \; cada \; unidad$$

$$q_3 = \frac{1}{11}(1{,}000)^1 = 90.90 \; unidades \; ; y \; v_3 = \frac{1}{0.0909} = 11 \; horas \; cada \; unidad$$

La fuerza productiva social es:

$$F = \frac{1}{30} * \sum (0.1 * 10) + (0.11 * 10) + (0.0909 * 10) = \frac{1}{30} * (3.0202) = 0.10$$

La cantidad de mercancías en el mercado es:

$$Q_i = 1{,}000 + 1{,}111.11 + 909.09 = 3{,}020.20$$

ó

$$Q_i = 0.1006 * (30{,}000)^1 = 3{,}020.20$$

El valor de la mercancía i, que es el tiempo de trabajo socialmente necesario es:

$$v_i = TTSN = \frac{1}{0.10} = 10 \; horas \; cada \; unidad$$

o

$$v_i = TTSN = \frac{1}{30} * 300 = 10 \; horas \; cada \; unidad$$

¿Qué sucedería con el valor de la mercancía i si cinco firmas del tercer grupo de empresas incrementaran su fuerza productiva a $\frac{1}{10}$ y las otras cinco a $\frac{1}{9}$ y qué sucedería con la cantidad de mercancías en el mercado?

Ahora el mercado sólo se segmentaría en dos grupos, donde cada uno tendría 15 empresas:

$$q_1 = \frac{1}{10}(1{,}000)^1 = 100 \; ; y \; v_1 = \frac{1}{0.10} = 10 \; horas \; cada \; unidad$$

$$q_2 = \frac{1}{9}(1{,}000)^1 = 111.11; y \; v_2 = \frac{1}{0.1111} = 9 \; horas \; cada \; unidad$$

$$Q_i = q_1 + q_2 = (100 * 15) + (111.11 * 15) = 1,500 + 1,666.66 = 3,166.66$$

ó

$$Q_i = F * L = 0.1055 * (30,000) = 3,166.66$$

$$v_i = TTSN = \frac{1}{0.1055} = 9.47 \; horas \; cada \; unidad$$

ó

$$v_i = TTSN = \frac{1}{30} * 285 = 9.5 \; horas \; cada \; unidad$$

La cantidad de mercancías del tipo i aumentó en 146.46 unidades gracias a la mejora tecnológica.

El valor de la mercancía i disminuye porque una tercera parte del mercado mejoró su fuerza productiva del trabajo.

3) Imaginemos un mercado en el que participan 99 empresas con la siguiente información.

Segmento de la Empresa	Cantidad de Empresas	f	l	γ
1	33	0.25	100	1
2	33	0.5	100	1
3	33	0.75	100	1

¿Cuál sería la fuerza productiva del trabajo social o promedio?

$$F_x = \frac{1}{99} \; (49.5) = 0.5$$

¿Cuál sería el valor de la mercancía que producen?

$$v_x = TTSN = \frac{1}{0.5} = 2 \; horas \; por \; unidad$$

¿Cuál sería la cantidad de mercancías x producidas?

$$Q_x = (825 + 1,650 + 2,475) = 4,950$$

¿Qué sucedería con el *TTSN*, la *F* y *Q* si disminuyera la fuerza productiva del trabajo de 5 empresas del segmento 3 a 0.5?

$$F_x = \frac{1}{99}\,(48.25) = 0.48$$

$$v_x = TTSN = \frac{1}{0.48} = 2.05$$

$$Q_x = 0.48 * (9{,}900) = 4{,}752$$

El tiempo de trabajo socialmente necesario aumenta, es decir el valor de la mercancía *x* aumenta porque la fuerza productiva del trabajo disminuyó, aunque el cambio fue muy pequeño debido a que sólo ocurrió en 5 empresas de 99 existentes en el mercado.

4) En un periodo inicial el mercado de la mercancía *z* produce $Q_z = F_z L_z^{\bar{Y}} = 4 * (50)^{0.8} = 91.4610\ unidades$ y casualmente se satisfacen las necesidades con igualdad. En el siguiente periodo la fuerza productiva del trabajo aumenta a 6 y las necesidades siguen siendo las mismas.

$$Q_z = F_z L_z^{\bar{Y}} = 6 * (50)^{0.8} = 137.1915\ unidades$$

Entonces habrá 43.7305 más mercancías de las que se requieren.

2.- *Teoría del dinero*[14]

Comenzaremos este capítulo presentando un razonamiento lógico que pretende captar las formas abstractas bajo las cuales se integra el intercambio para llegar a la *forma dinero*, que es la forma más desarrollada del intercambio mercantil (previa al sistema financiero capitalista contemporáneo). Posteriormente se explicará qué es el dinero, cuáles son sus funciones y cómo se desenvuelve en cualquier economía mercantil[15].

Forma simple o singular del valor

Como se había visto anteriormente en el acto del intercambio las mercancías se enfrentan entre sí bajo la ecuación x *mercancía* $A = y$ *mercancía* B. En términos del intercambio esta igualdad nos dice que la mercancía A expresa su valor en la mercancía B, la cual funciona como *equivalente*, es decir permite que la otra exprese su valor en ella. Esto significa que el valor de la primera queda expresado *en relación* al valor del equivalente. La mercancía que funciona como equivalente no puede ser la que exprese su valor, ya que de ser así diría y *mercancía* $B = y$ *mercancía* B. La expresión del valor es una relación entre dos mercancías diferentes, por lo cual ninguna mercancía puede expresar su propio valor. La forma simple del valor consiste en la existencia de una única mercancía (singular) que expresa su valor a través del equivalente.

La forma simple o singular del valor además nos permite captar lo más básico del intercambio, la relación de proporcionalidad entre dos mercancías. El hecho de que cierta cantidad de mercancías exprese su valor en la cantidad de una mercancía distinta quiere decir que tanto lo hace cualitativamente (porque ambas cantidades son producto de tiempo de trabajo), como cuantitativamente (ambas contienen *TTSN*). La ecuación *10 playeras = 1 televisión* muestra directamente que ambas fueron producidas con tiempo de trabajo y además con el mismo tiempo de trabajo. Y esta equivalencia también nos muestra una *relación de proporcionalidad* entre las cantidades de ambos tipos de mercancías. Digamos que las 10 playeras y la televisión son producidas en 10 horas. Como el valor de ambas mercancías varía con la fuerza productiva del trabajo aplicada en su producción pueden ocurrir los siguientes cambios: (1) puede cambiar el valor de la mercancía que expresa su valor (*playeras en este ejemplo*), (2) puede cambiar el valor de la mercancía que funciona como equivalente (*televisión*), pero también pueden cambiar ambos, ya sea (3) en el mismo sentido y en la misma magnitud, (4) en el mismo sentido y magnitud diferente, (5) en sentido contrario y en la misma magnitud, o (6) en sentido contrario y en una magnitud diferente. *Cada variación en el valor de alguna de las mercancías implicaría un cambio en la relación o proporción de cambio entre las mercancías, es decir el valor de cambio (antes*

---

[14] Este capítulo se basa en la sección sobre las formas de valor (dentro del capítulo de la mercancía) pp.58-102 y en la sección El dinero o la Circulación de mercancías pp. 115-173.

[15] Las particularidades y maneras en que actúa el dinero en el modo de producción capitalista no se detallan por completo en el Tomo I de *El Capital*, por lo que en esta obra tampoco se encuentra la teoría del dinero completa.

el valor de cambio nos había permitido ver la forma bajo la cual se expresaba la existencia de una sustancia del valor, dicha expresión es la proporción de intercambio entre las mercancías*)*.

Veamos un ejemplo para cada caso:

(1) Si ahora las playeras se producen en 5 horas y no en 10 horas como antes, sin cambios en el valor de la televisión, entonces la igualdad cambia a *20 playeras = 1 televisión o 10 playeras = 1/2 televisión*. Este cambio puede verse bajo la ecuación:

$$v_p * p = l^\gamma = v_t * t$$

$$Inicialmente: 1 * 10 = 10 = 10 * 1$$

$$Posteriormente: \frac{1}{2} * 20 = 10 = 10 * 1 \quad o \quad \frac{1}{2} * 10 = 5 = 10 * \frac{1}{2}$$

(2) Si ahora la televisión se produce en 5 horas y las playeras se siguen produciendo en 10, tenemos que *10 playeras = 2 televisiones o 5 playeras = 1 televisión*. En este caso el cambio también puede verse bajo la ecuación:

$$v_p * p = l^\gamma = v_t * t$$

(3) Si disminuyeran las horas necesarias para producir ambas mercancías a la mitad entonces su relación de cambio permanece inalterada *10 playeras= 1 televisión*. O si aumentaran al doble las horas requeridas para producir ambas mercancías tampoco cambiaría la relación de cambio *10 playeras = 1 televisión*. Como ambas productividades del trabajo incrementan en la misma magnitud (*w*) entonces podemos ver este cambio bajo la siguiente ecuación:

$$\frac{q_p}{w * f_p} = l^\gamma = \frac{q_t}{w * f_t} \quad \Rightarrow \quad \frac{q_p}{f_p} = l^\gamma = \frac{q_t}{f_t}$$

$$Inicialmente: \frac{10}{1} = 10 = \frac{1}{\frac{1}{10}} \quad Posteriormente: \frac{20}{2} = 10 = \frac{2}{\frac{1}{5}}$$

(4) Si ahora las 10 playeras se producen en 5 horas y la televisión se produce en 8 horas, es decir el valor de las playeras se redujo a la mitad (productividad del trabajo se duplicó, $w = 2$) y el de la televisión redujo 2/10 ($z = 1.25$), entonces ahora la relación de cambio es 20 playeras = 1.25 televisiones, como no puede intercambiarse una fracción de una mercancía como la televisión, al multiplicar ambas mercancías por 0.8 nos queda 16 playeras = 1 televisión.

$$\frac{q_p}{w * f_p} = l^\gamma = \frac{q_t}{z * f_t} \quad , \quad w > z$$

$$\frac{20}{2 * 1} = 10 = \frac{1.25}{1.25 * 0.1} \qquad \frac{16}{2 * 1} = 8 = \frac{1}{1.25 * 0.1}$$

(5) Si ahora las 10 playeras se producen en 5 horas y la televisión se produce en 20, es decir el valor de las playeras se redujo a la mitad y el de la televisión se duplicó, entonces ahora la relación de cambio es 20 playeras = 1/2 televisión o 40 playeras = 1 televisión.

$$\frac{q_p}{w * f_p} = l^\gamma = \frac{q_t}{z * f_t} \quad , \quad w > z \quad , w = 2z$$

$$\frac{20}{2 * 1} = 5 = \frac{0.5}{0.5 * 0.1}$$

(6) Si disminuyera el valor de la televisión a 8 horas y aumentara el de las 10 playeras a 16, es decir cayó el valor de la televisión en 2/10 y aumentó el de las playeras en 6/10, entonces ahora la relación de cambio sería 6.25 playeras = 1.25 televisiones. Para ponerlo en enteros, si multiplicamos ambas partes por 3.2 tenemos que 20 playeras = 4 televisiones. También se puede ver del modo siguiente:

$$\frac{q_p}{w * f_p} = l^\gamma = \frac{q_t}{z * f_t} \quad , \quad z > w$$

$$\frac{6.25}{0.625 * 1} = 10 = \frac{1.25}{1.25 * 0.1} \qquad \frac{20}{0.625 * 1} = 32 = \frac{4}{1.25 * 0.1}$$

Lo que se debe resaltar en cualquiera de los seis casos, es que los cambios en el valor (originados por variaciones en las fuerzas productivas del trabajo) alteran las proporciones de intercambio entre ellas. Además este ejercicio nos permite ver que bajo la forma simple del valor la *cantidad de expresiones que pueden existir es tan amplia como distintos tipos de mercancías existan*. Esto se debe a que cada expresión de valor entre dos mercancías se encuentra *aislada* una de otra. Esta es la razón por la cual, la forma simple o singular del valor no es suficiente para captar el intercambio por su carácter de incompleta. La única manera de que la expresión del valor sea completa es vinculando todas las expresiones de valor, es decir crear una forma desplegada del valor.

Forma total o desplegada de valor

La serie *x mercancía A = y mercancía B = z mercancía C = w mercancía D* es una serie de igualdades simples de valor, lo cual da lugar a una expresión desplegada de valor. La carencia de la forma simple del valor es superada porque cada mercancía se encuentra en relación con todas las mercancías en ciertas proporciones de acuerdo al tiempo de trabajo socialmente necesario para producir cada cantidad.

Con la forma simple del valor el hecho de que dos mercancías se intercambiaran en la proporción cuantitativa que fuera, por ejemplo 3 pasteles por 1 puerta o 6 mesas por 2 ventanas, etc. podría haberse debido a un hecho fortuito cuya explicación podría ser el gusto de los agentes que intercambian o de su habilidad para intercambiar. Esto implicaría que el *intercambio regula la magnitud de valor de la mercancía*[16]. No obstante cuando encontramos estas mercancías igualadas con muchas otras, la posible relación fortuita entre dichos agentes desaparece. *La relación de valor entre todas las mercancías precede a las acciones de los agentes en el intercambio, por lo que se puede ver que **es la magnitud de valor (tiempo de trabajo socialmente necesario) de las mercancías lo que determina sus relaciones de intercambio.***

En esta forma total del valor una mercancía expresa su valor en muchas otras y cada una puede funcionar como equivalente de cualesquiera otras mercancías. Sin embargo esta serie de expresiones también es insuficiente porque es infinita. Como no existe una única mercancía que permita unificar las expresiones en una sola relación de proporcionalidad, existirán tantas relaciones como combinaciones de mercancías haya.

---

[16] Las teorías subjetivas del valor establecen que el valor de cualquier bien brota de la estimación interna que lleva a cabo un ser humano de acuerdo a sus gustos personales y por las circunstancias en las que se encuentra. El agente determina la proporción de sustituibilidad entre las mercancías que estima hasta que todas le den la misma utilidad (placer) y de acuerdo al ingreso que posee establecerá la cantidad que consumirá de cada una de ellas. No obstante, el agente no posee los bienes que desea por lo que se ve obligado al intercambio. Otro u otros agentes realizarán el mismo proceso estimativo y así unen sus voluntades para satisfacer sus deseos. De esta manera concluyen que *el valor solo es la proporción de intercambio entre bienes (valor de cambio),* la cual *solo puede surgir del propio acto de intercambio.* Con lo cual, las relaciones sociales de producción y de unión respecto a un sistema social global pasan a un segundo plano. *Como solo en el acto comercial se puede conocer el "valor" de las cosas, estas teorías hacen del intercambio el acto económico por excelencia. Y así creen que el intercambio regula la magnitud de valor de la mercancía.* Estas deficiencias intentan ser cubiertas con el 'equilibrio general' pero en lugar de conseguir explicar realmente el fenómeno, solo mezclan procesos e inventan un orden social abstracto y "universal" (a-social, a-histórico y a-geográfico). Esta propiedad que no es única de las teorías subjetivas de valor, sino también de las teorías de valor-trabajo que ven al trabajo como la propiedad natural del valor de las mercancías. Esto es lo que se conoce como el *fetiche de la mercancía.* Como dice Rubin (1974) "el fetichismo de la mercancía considera la intercambiabilidad de las mercancías como una propiedad interna, natural de las mercancías mismas", ya sea como la propiedad natural de satisfacer deseos subjetivos o la propiedad natural de contener trabajo, las teorías económicas convencionales o burguesas *no ven el valor como una magnitud que surge dentro de un sistema social orgánico.* Rubin (1974) "La estructura de la economía mercantil hace que las cosas desempeñen un papel social particular y de este modo adquieren propiedades sociales particulares." **El trabajo no es por naturaleza valor**, el trabajo abstracto (gasto de trabajo humano indiferenciado) es lo que determina la magnitud del valor **por la estructura de las sociedades mercantiles y sus relaciones sociales** (como se vio en el capítulo previo). Rubin (1974) "Éste [Marx] no solo muestra que las relaciones humanas quedan veladas por las relaciones entre las cosas, sino también que, en la economía mercantil, las relaciones sociales de producción inevitablemente adoptan la forma de cosas". Las teorías económicas convencionales o burguesas solo ven las relaciones entre hombres como relaciones de cosas. Particularmente las teorías subjetivas del valor, las cuales convierten al mundo entero de cosas en objetos "económicos" por su capacidad de satisfacer deseos humanos. Deseos, que por no contar con una teoría del desenvolvimiento social en el tiempo, se resumen en principios puramente psicológicos y no surgen de la dinámica del sistema social. Esto nos muestra que las teorías económicas convencionales *no pueden ser catalogadas como ciencias sociales porque lo social se les escapa bajo una densa nube de abstracciones humanas-antropológicas que se olvidan del elemento histórico.*

La forma simple del valor es singular pero carece de generalidad, mientras que la forma total del valor es desplegada pero carece de singularidad. La virtud de una es el defecto de la otra. De modo que si todas las mercancías se relacionan entre sí, pero expresando su valor en una sola mercancía, se encuentra la manera precisa en que se establecen las relaciones de cambio.

Forma general del valor

Esta forma de expresar su valor es *simple* porque lo hacen respecto a *una sola* mercancía y *unitaria* porque lo hacen en la *misma* mercancía.

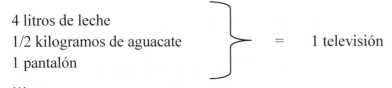

4 litros de leche
1/2 kilogramos de aguacate
1 pantalón
…
= 1 televisión

La televisión se convierte en el equivalente general, *en el representante del valor de todas las demás mercancías.* Pero precisamente por esta razón, la *mercancía que funge como* **equivalente general** *ya no puede expresar su valor en otra mercancía*, queda excluida de esa capacidad.

Conforme se desarrolla el intercambio cualquier mercancía podría ser separada de las demás y ser designada como el *equivalente general* del mundo de las mercancías existentes. No obstante, la aparición y desarrollo del equivalente general es un proceso histórico-geográfico y técnico. El equivalente general surge a partir del intercambio entre comunidades con diferentes características geográficas y se va desarrollando conforme ese intercambio se amplía ya que entra en una dinámica endógena al ir modificando la estructura interna de cada comunidad. Además de elegir como equivalente general a determinadas mercancías por cuestiones técnicas como disponibilidad de ese bien en ambas regiones, por ser más adecuada en su transporte o conservación a lo largo del tiempo, etc.

Forma dinero

Conforme el intercambio se convierte en la actividad principal de la sociedad surge una mayor división del trabajo (separación entre productores y separación entre productores y consumidores), por lo cual se amplía la escala de intercambio dentro y fuera de la comunidad. Pronto toda la actividad productiva se encuentra mediada por el intercambio, por lo que el equivalente general se convierte en el elemento de cohesión social. Esta mercancía que funge como equivalente general, mediando toda actividad social deviene *dinero* al separarse de todas las demás mercancías. Históricamente las mercancías que adoptaron tal lugar fueron los metales preciosos como el oro y la plata.

La forma dinero se distingue de la forma general del valor únicamente por la mercancía que aparece en el lugar del equivalente general.

4 litros de leche
1/2 kilogramos de aguacate   } = 1 onza de oro
1 pantalón
…

El *equivalente general vuelto autónomo es el dinero*, cuya función única y específica es la de articular todos los intercambios dentro y fuera de la sociedad, para lo cual requiere desempeñar ciertas funciones. Estas funciones se analizarán a continuación.

Medida de los valores

La primera función del dinero consiste en otorgar la expresión general de valor a todas las mercancías, es decir representar sus valores y poder compararlos. Como todas las mercancías tienen una magnitud de valor determinada por el tiempo de trabajo socialmente necesario y pueden compararse entre sí, designan a una y la misma mercancía para medir sus valores. Esta *mercancía dinero* puede fungir como medida del valor de todas las mercancías porque ella misma tiene valor.

Cualquier mercancía expresa su valor a través de la mercancía dinero, tal expresión es su precio (1 libro = 1/2 onza de oro, 2 manteles = 2 onzas de oro). Este precio es el resultado de la medición del valor de cualquier mercancía respecto a una *cantidad ideal de oro*. A este precio lo llamaremos *precio mercantil* porque es la esencia de cualquier precio en cualquier economía mercantil[17]. El dinero permite que todas las mercancías midan sus valores respecto a él y lo expresen, sin embargo como habíamos visto, él mismo no puede expresar su valor porque ninguna mercancía puede funcionar como equivalente de sí misma[18]. Esto significa que el dinero no tiene precio. La igualdad 5 onzas de oro = 5 onzas de oro, no pasa de ser una tautología.

El precio es la razón entre el valor de la mercancía *i* y la mercancía dinero. Esta función nos dice cuántas unidades de la mercancía dinero expresan (miden) el valor de ciertas unidades de la mercancía *i*. Esto también significa cuántas unidades de la mercancía dinero se intercambian por cierta cantidad de la mercancía *i* (Moseley, Fred, 2004).

---

[17] En el modo de producción capitalista, como la economía mercantil más desarrollada, los precios se ven modificados por las características propias que lo definen. Más adelante veremos cómo el dinero también es la expresión del capital (un proceso surgido de una relación social). En el tercer tomo de *El Capital* Marx explica los precios propiamente 'capitalistas', a los cuales llama precios de producción y precios de mercado.

[18] Cualquier medición, abstracta o ideal como de la que se habla, significa determinar la dimensión de una variable respecto a una prestablecida. Sin embargo, la medición del valor por ser un hecho económico y por definición social e histórica no conoce una unidad prestablecida, dada de antemano por alguien, sino que es el producto del desarrollo de las sociedades en el tiempo. Este proceso histórico-social es la ampliación del comercio y su profundización y da como su resultado el surgimiento del equivalente general, el cual deviene la unidad prestablecida, la unidad de medida del intercambio.

$$\rho_i(v_d, v_i) = \frac{v_i}{v_d} \; \textit{unidades de mercancía dinero} \Big/ \textit{unidades de mercancía } i$$

Si el valor de la mercancía *i* es mayor al valor de la mercancía dinero entonces el precio de la mercancía *i* es mayor a 1.

Por la definición de valor tanto de la mercancía *i* como de la mercancía dinero podemos reescribir la función precio.

$$\rho_i(v_d(F_d), v_i(F_i)) = \frac{\frac{1}{F_i}}{\frac{1}{F_d}} = \frac{F_d}{F_i} \frac{\textit{unidades de mercancía dinero}}{\textit{unidades de mercancía } i}$$

Si $F_i = F_d$ entonces el precio de la mercancía *i* sería igual a 1.

Mientras mayor es el valor de la mercancía *i* mayor es su precio y viceversa.

$$\frac{\partial \rho_i}{\partial v_i} = \frac{1}{v_d} > 0$$

Por lo cual el precio mercantil sigue los cambios ocurridos en el valor, no obstante el precio mercantil una mercancía puede cambiar sin que cambie su valor porque su precio también depende del valor de la mercancía dinero.

Ante un incremento en el valor de la mercancía dinero disminuye el precio de la mercancía *i* y viceversa.

$$\frac{\partial \rho_i}{\partial v_d} = -\frac{v_i}{v_d^2} < 0$$

Como todas las mercancías expresan su valor en la mercancía dinero, al cambiar el valor de la mercancía dinero cambiarían los precios de todas las mercancías en la misma magnitud.

Sólo puede ocurrir un incremento generalizado de los precios si el valor de la mercancía dinero permanece constante y el valor de todas las mercancías incrementa o viceversa. El primer caso es poco probable, no obstante el segundo caso es importante. Debido a que la mercancía-dinero es la que mide valor de todas las demás, y dicho valor no es fijo[19], una variación en él provoca un cambio en el precio de todas las mercancías.

Al inverso del valor de la mercancía dinero se le conoce como la expresión monetaria del tiempo de trabajo (Melt por sus siglas en inglés, monetary expression of labor), esto es:

---

[19] La teoría económica convencional durante mucho tiempo se aferró a buscar una medida del valor invariante que siempre reflejara los precios de las mercancías sin cambios. No obstante, la propia naturaleza del dinero, como mercancía que mide el valor de todas las mercancías en el intercambio demuestra que tal búsqueda es más bien un efecto ideológico que en la práctica parecía necesaria para evitar las constantes desviaciones de las relaciones de intercambio entre las mercancías.

$$m = \frac{1}{v_d}$$

o

$$m = \frac{1}{\frac{1}{F_d}} = F_d \;\; unidades\; de\; mercancía\; dinero\big/_{unidad\; de\; tiempo}$$

Por lo que el precio también se define como:

$$\rho_i = F_d * v_i$$

El precio de la mercancía i es igual a su valor si y sólo si la expresión monetaria del trabajo es igual a uno, es decir la fuerza productiva del trabajo en el sector de la mercancía dinero es uno. Esto es, se produce exactamente una unidad de dinero en una unidad de tiempo.

$$\rho_i = v_i \Leftrightarrow F_d = 1$$

Si la fuerza productiva de trabajo es menor a uno (se produce menos de una unidad de dinero en una unidad de tiempo) entonces el precio es menor al valor.

$$Si\; F_d < 1 \implies \rho_i < v_i$$

Si la fuerza productiva del trabajo es mayor a uno (se produce más de una unidad de dinero en una unidad de tiempo) entonces el precio es mayor al valor.

$$Si\; F_d > 1 \implies v_i > \rho_i$$

Esta relación se ilustra en la figura 9.

Figura 9. Relación entre valor y precio

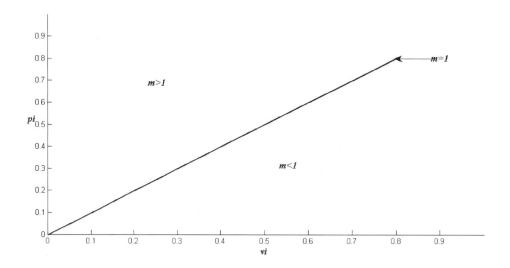

Esta figura muestra cómo se presenta el precio en caso de que la expresión monetaria del tiempo de trabajo sea menor, mayor o igual a 1. Como m es la pendiente de la función precio, entonces sobre la recta de 45° que tiene pendiente uno el valor es igual al precio mercantil. Esta recta también divide al cuadrante en dos partes. En la sección de arriba, donde la pendiente es mayor a 1, el precio mercantil será mayor que el valor. En la sección de abajo, donde la pendiente es menor a 1, el precio mercantil será menor al valor.

Patrón de precios

Como los valores de las mercancías son de distinta magnitud y todos se transforman en cantidades de oro ideales en distintos lugares y en distintos momentos, se vuelve indispensable *vincular* todas esas cantidades diferentes de oro en una cantidad establecida que funcione como *unidad de medida* (o unidad de cuenta). Como consideramos que la mercancía dinero es un metal (oro o plata), esa unidad de medida se establece de *acuerdo a su peso*. Por ejemplo en libras, onzas, etc. Esta unidad de medida es el *patrón de precios* y lo fija la autoridad monetaria de un país.

$$1 \; unidad \; de \; oro = \theta \; libras \; de \; oro = x \; onzas \; de \; oro \; ...$$

El precio mercantil, como expresión de la medida del valor, nos dice cuántas unidades de dinero ideal se daban a cambio de una mercancía cualquiera, mientras que el patrón de precios modifica al precio mercantil para expresar exactamente la cantidad de la mercancía dinero (oro) que se intercambia por una mercancía.

Esto significa que el precio se expresa como:

$$\tilde{\rho}_i = \theta * \rho_i \qquad \text{o} \qquad \tilde{\rho}_i = x * \rho_i$$

Debido a que el oro es una mercancía, su valor puede variar y con ello cambiar los precios de todas las mercancías. Al fijarse un patrón de precios respecto a un peso esas variaciones sólo se reflejan en la cantidad de oro que se intercambia por las mercancías. Es decir, si una unidad de oro ideal equivale a una onza de oro y disminuye el valor del oro, entonces incrementará el precio mercantil de las mercancías y ahora tendrían que entregarse más onzas de oro por cualquier mercancía. Lo mismo sucede pero en sentido contrario en el caso en que el valor del oro disminuya. Esto significa que si el gobierno *cambiara el patrón de precios los precios mercantiles no se verían alterados, únicamente se entregaría más o menos cantidad de dinero* conforme a una medida de precios más grande o más pequeña.

Como el dinero expresa el precio de una mercancía y este solo se observa durante su intercambio, en ocasiones la cantidad de dinero intercambiada no sólo refleja la magnitud de valor de la mercancía sino una cantidad mayor o menor de masa dineraria (ya sea por efectos de oferta y demanda, acciones fraudulentas, etc.). Esto nos deja ver que *la forma precio guarda la posibilidad de una incongruencia cuantitativa entre valor y precio*. En algunas ocasiones el *precio puede inclusive dejar de ser la expresión del valor* y permitir que objetos sin valor alguno (porque no contienen tiempo de trabajo) puedan venderse y comprarse. Por ejemplo el honor, la tierra no cultivada, etc. Como el dinero se vuelve autónomo del resto de las mercancías, se convierte en la expresión de cualquier cosa o acto social. En una *sociedad mercantil, se busca constantemente convertir todo objeto en mercancía y aquello que no es mercancía se lo trata como tal, además como el medio de cohesión social es el dinero, la única manera de expresar el vínculo socia entre objetos, individuos y sus respectivas voluntades es a través del representante general: el dinero.* Como menciona De brunhoff (1974) "la forma dinero refleja pues, desde sus primeras funciones de medida de los valores y de patrón de precios, las contradicciones de la circulación de las mercancías; entre el valor de cambio "vuelto autónomo" y los valores propios de las mercancías; entre el valor y el precio-oro".

Medio de circulación

Debido a que todos los productores se encuentran separados entre sí y sólo se ven unidos por la necesidad de intercambiar requieren que la mercancía dinero cumpla una segunda función: medio de circulación o medio de cambio. Como ya todas las mercancías expresaron su valor a través del oro y se midieron conforme a cierto peso, ahora tienen que intercambiarse efectivamente por cierta cantidad de dinero para que tales transacciones se completen.

La pregunta es cuánto dinero debe encontrarse en circulación para realizar todos los intercambios. Dicha cantidad está determinada en primer lugar por la *suma de los precios* o *nivel de precios* (P) que se establecieron previamente al medirse el valor de las mercancías con el valor del oro. El dinero que circula en un país sólo representa la suma de oro que expresa el patrón de medida.

$$P = \sum_{i=1}^{I} \rho_i * q_i \; unidades \; de \; dinero$$

El valor global en el mercado es igual al nivel de precios en la economía. Suponiendo que solo existe una mercancía podemos ver que por un lado $v_i = \frac{1}{F} \Rightarrow v_i * Q_i = L^Y$entonces $\frac{L^Y}{v_i} = Q_i$, por otro lado podríamos ver el nivel de precios como $\frac{P}{\rho_i} = Q_i$ porque $\sum_{i=1}^{I} \rho_i * q_i = I * q_i * \rho_i = Q_i * \rho_i$ entonces:

$$\frac{L^Y}{v_i} = \frac{P}{\rho_i} = \frac{P}{m * v_i}$$

$$P = L^Y * m = L^Y * F_d$$

Si $m = 1$ es claro que el nivel de precios es igual al valor total. Cuando $m \neq 1$ la suma de los precios sigue siendo igual al valor global en el mercado porque las horas totales de trabajo se representan en la cantidad total de dinero existente, solo que con la expresión monetaria del tiempo de trabajo como factor de proporcionalidad.

Una vez establecidos los precios y manteniéndose constantes tanto el valor de las mercancías como el valor del oro, la cantidad de dinero en circulación dependerá de la cantidad de mercancías que se encuentren en el mercado. Por lo que si incrementara la intensidad del trabajo (lo cual no genera cambios en la magnitud valor y por tanto tampoco en el precio), incrementaría la cantidad de mercancías y para que estas pudieran intercambiarse tendría que aumentar la cantidad de dinero en circulación.

En principio la cantidad total de de masa circulante (M) que se requiere para llevar a cabo todas las transacciones en la economía depende del nivel de precios. $M = P$. Sin embargo, la cantidad de dinero en circulación no nada más depende del nivel de precios sino también de la velocidad (ζ) en la que se realizan las transacciones.

$$M(P(\rho_i, q_i), \zeta) = \frac{P}{\zeta} = \frac{\sum_{i=1}^{l} \rho_i * q_i}{\zeta}$$

Si la velocidad con la que se realizan los intercambios incrementa, entonces se requerirá una menor cantidad de moneda y viceversa.

$$\frac{\partial M}{\partial \zeta} = -\frac{P}{\zeta^2} < 0$$

A mayor cantidad de mercancías la masa de dinero circulante incrementa.

$$\frac{\partial M}{\partial q_i} = \frac{\sum_{i=1}^{l} \rho_i}{\zeta} > 0$$

Mientras más grandes sean los precios (ya sea porque disminuyó la fuerza productiva del trabajo en muchas industrias, porque la fuerza productiva del trabajo en el sector de la mercancía dinero aumentó o porque el patrón de precios también aumentó) mayor será la cantidad de dinero en circulación.

$$\frac{\partial M}{\partial \rho_i} = \frac{\sum_{i=1}^{l} q_i}{\zeta} > 0$$

Si cambia la fuerza productiva del trabajo en unas industrias y en otras no, dependerá de la influencia de dichas esferas para que aumente o disminuya significativamente la suma de los precios y con ello la cantidad de dinero en circulación. Si, por ejemplo, cambiara la fuerza productiva del trabajo en la agricultura o en la industria petrolera la suma de los precios variaría de manera importante y con ello se modificará la cantidad de dinero en circulación.

La suma de los precios también podría cambiar por la oscilación de los precios de mercado[20], no obstante el efecto sobre la masa de medios de circulación sería el mismo que si cambiaran los valores de las mercancías.

Moneda. Signo de valor

El dinero en cuanto medio de cambio requiere que figure en *monedas* o piezas que por el nombre o denominación que aparece en su corporeidad representen el precio de las mercancías de acuerdo a su peso. La acuñación de moneda también es una cuestión de la que se encarga la autoridad monetaria.

Como las monedas de oro que circulan en el mercado van sufriendo un desgaste conforme son usadas, pronto su contenido real (onzas, libras, etc. de oro) es distinto de su contenido nominal (título que aparece en la moneda: 1 chelín, 2 pesos, etc.). Esto significa que *el oro como medio de cambio diverge del oro como patrón de precios, por lo que deja de reflejar fielmente el valor de las mercancías*, es decir ese dinero deja de funcionar como equivalente verdadero de las mercancías. Por esta razón se sustituyó el dinero metálico por símbolos fabricados con otros metales. No obstante, el desgaste de estas monedas hechas con otros metales es aún mayor y pronto la función de moneda de acuerdo al peso desaparece y con ello toda representación del valor de la mercancía por medio del valor del oro.

Una vez separada la función de medio de circulación del valor del oro y su peso, comenzaron a funcionar como moneda objetos que en términos reales carecen de valor como los billetes de papel de curso forzoso (emitidos por la autoridad monetaria como el banco central). El papel moneda es el signo de valor porque representa cantidades de oro, las cuales sí son cantidades de valor.[21]

El gobierno emite cierta cantidad de monedas y billetes con sus respectivas denominaciones dinerarias que representan la cantidad de oro que habría de circular para representar el precio de todas las mercancías en el mercado. Por ejemplo cada gobierno de un país lanza a la circulación billetes de 100 pesos, 10 libras esterlinas, 20 dólares, etc. bajo una regla de conversión de dicho dinero estatal por cierta cantidad de oro (patrón oro).

---

[20] Estos precios se analizan hasta el tercer libro de *El Capital*. Basta decir que esos precios se basan en los precios mercantiles y los precios de producción (precios 'capitalistas' que se mencionaron previamente), su distinción es que surgen por los efectos de la oferta y la demanda.

[21] En términos funcionales la mercancía dinero (oro) puede ser sustituida por un signo y este signo solo requiere la aceptación de todos los productores de mercancías y vigencia social que se consigue por medio de la autoridad monetaria, pero esto no hace del dinero un signo. No debe olvidarse que hablamos de dinero convertible en oro, es decir, todavía no se trata el dinero fiduciario (sin convertibilidad a una mercancía dinero).

$$1 \text{ } onza \text{ } de \text{ } oro = 2.5 \text{ } dólares \text{ } o \text{ } 1 \text{ } onza \text{ } de \text{ } oro = 3.2 \text{ } dólares \text{ } etc.$$

En este caso el patrón de precios ya no se determina de acuerdo a un peso en oro, sino que se establece por la proporción entre dinero emitido por el gobierno (M_p) y la cantidad de oro que habría de circular (M_g). Esta última se determina de la misma manera que se explicó anteriormente:

$$\theta = \frac{M_p}{M_g}$$

Por esta razón, si se emite más o menos dinero de las monedas de oro que deberían circular entonces cada billete dejaría de representar la misma cantidad de oro que antes, más en el primer caso y menos en el segundo. Con esto se altera el precio de todas las mercancías pero de la misma manera que sucedía con cambios en el patrón de precios. *El precio mercantil no cambia, únicamente el nombre dinerario de cada mercancía, es decir la cantidad de moneda (billetes) que se entrega a cambio de la mercancía.* Por ejemplo, si antes la cantidad de dinero que emitía la autoridad monetaria era igual a la cantidad de dinero que habría de circular de acuerdo al oro y el precio mercantil era de 5 pesos y posteriormente la cantidad de dinero emitida se duplica, el precio de la mercancía pasará a ser de 10 pesos, pero de igual manera el precio del resto de las mercancías se habría duplicado, por lo que la relación de cambio entre todas ellas permanece constante.

Atesoramiento

Se ha visto de qué manera el dinero funciona como medio de cambio para que todos los intercambios necesarios se lleven a cabo, igualmente se mencionó qué determina la cantidad de masa de dinero en circulación y también qué ocasiona sus variaciones, sin embargo no se mencionó como operan esos cambios *en la esfera propia de la circulación del dinero.*

Como el dinero o sus representantes son lanzados a la circulación por la autoridad monetaria y no salen de ella sino hasta haberse desgastado en su totalidad, permanecen durante un periodo con capacidad de seguir funcionando. Si aumenta la velocidad del dinero o disminuye la cantidad de mercancías producidas o disminuye la suma de los precios, la necesidad de moneda para cumplir las mismas transacciones que antes será menor, por lo que algunos agentes atesorarán (guardarán como tesoro) la cantidad de moneda excedentaria. En el caso contrario, por la razón que fuere, los atesoradores proporcionarán al mercado dicha cantidad. *El atesoramiento es el medio (flujo y reflujo) por el cual se regula la cantidad de moneda que se requiere en funcionamiento para el intercambio.*

Medio de Pago

Como se vio anteriormente en todos los modos de producción en los que se producen mercancías (valores de uso sociales) la división del trabajo implica que los productores producen aisladamente, por lo que requieren designar a una y sólo una mercancía con la cual puedan medir el valor de cada objeto que producen, es decir el equivalente general por el cual puedan comunicarse unos a otros cuánto del trabajo social utilizaron en la producción de la mercancía que venden.

Para esto se había considerado a la mercancía dinero como el oro, por lo que *era necesario que todo intercambio fuera mediado físicamente por el oro o por monedas o billetes que representaran al oro*. No obstante, la compra y venta de mercancías no tiene que suceder de manera simultánea, es decir un agente puede comprar sin necesidad de vender o viceversa. Esta separación temporal y/o espacial puede suceder en cualquier economía mercantil, sin embargo el modo de producción capitalista, por ser el modo de producción de mercancías más avanzado, desarrolló la circulación de mercancías a tal grado en el que *separación temporal y espacial de la compra y la venta de mercancías se hizo muy grande*. Esto es, con la ampliación a otras regiones o países, una empresa en una parte del mundo (o dentro de su país en regiones lejanas) puede producir en un mes y vender en dos meses a otra parte del mundo (o de su país) y recibir el pago seis meses después. Es decir, el comprador y vendedor por mutuo acuerdo pueden establecer una promesa de pago (deuda), con la cual el comprador se convierte en deudor y el vendedor en acreedor y se fija una fecha de vencimiento de la deuda. Así es como funciona el dinero como *medio de pago*.

El dinero, como medio de pago, es *dinero crediticio* y circula en forma de pagarés o cualquier título que implique una promesa de pago. Este tipo de dinero, que es la forma dineraria más desarrollada hasta ahora, permite llevar a cabo el proceso de circulación, durante el periodo en que se acuerda la promesa y la fecha de vencimiento, *sin necesidad de oro o moneda que lo represente físicamente*. Esta separación temporal altera el proceso común de intercambio en dos momentos. En un primer tiempo el dinero funciona como medida de valor determinando el precio de la mercancía (que es la deuda fijada) y en el segundo momento, cuando vence el plazo de pago, se entrega físicamente la cantidad de moneda estipulada o se realiza la venta jurídica de los bienes con los que respaldó su promesa el deudor. Pero sólo circulan mercancías, el dinero físico queda atesorado en manos de algún agente o se utiliza para producir hasta el momento de pagar.

Esta separación temporal implica que el dinero funciona idealmente como medida de los valores, es decir conecta temporalmente la producción al consumo conforme a las capacidades de pago y por ello trae consigo la posibilidad de una crisis de impago. En la medida en que todas las deudas se salden no surgirá problema alguno, no obstante en cuanto las múltiples deudas no puedan pagarse aparecerá una crisis dineraria[22]. Ahora la circulación de mercancías se detiene y se presenta la necesidad de moneda bajo la apariencia de escasez de moneda[23].

El desarrollo del dinero como medio de pago también altera la circulación porque ya no se necesita la misma cantidad de masa circulante que se requeriría en caso de no existir tal dinero crediticio. La parte de los precios que se saldarán este periodo más la parte de los precios del periodo anterior que saldan en este periodo, ajustados por la velocidad del dinero, determina la nueva cantidad de dinero que debe existir en circulación.

Imaginemos una economía que funciona en dos periodos. Una parte de los precios del periodo anterior no fueron saldados (βP_{t-1}) porque se crearon promesas de pago y como solo existen dos periodos, el plazo de vencimiento debe ser el segundo periodo. Por esta razón en el segundo periodo tendrán que pagarse los saldos previos y la suma de precios presente (P_t). Con ello la cantidad de dinero en circulación será:

$$M_t = \frac{P_t + \beta P_{t-1}}{\zeta}, \qquad 0 < \beta \leq 1$$

En una economía que funciona en n periodos la cantidad en circulación en cada periodo dependerá del porcentaje que se paga en efectivo del nivel de precios en ese momento (αP_t) menos las promesas de pago que se hacen en el periodo t (($1 - \alpha)P_t$) y de los saldos de las deudas que vencen en ese periodo ($\beta P_{t-1}, \gamma P_{t-2}, \dots, \chi P_{t-n}$)

$$M_t = \frac{\alpha P_t + \beta P_{t-1} + \gamma P_{t-2} + \cdots + \chi P_{t-n} - (1 - \alpha)P_t}{\zeta}$$

Si no hay impago, la suma de todas las fracciones del nivel de precios que se saldan a lo largo de todos los periodos debe ser igual al cien por ciento.

---

[22] La razón por la que no se pueden saldar esas deudas no proviene de la esfera de la circulación sino de la producción. Para ello el lector tendrá que esperar a conocer más sobre el funcionamiento del modo de producción capitalista. Igualmente la crisis dineraria puede aparecer por razones autónomas a la producción y que se centran en la acción de la banca o la bolsa de valores y cuyo conocimiento también se deja para después.

[23] El desarrollo de la teoría del dinero requiere un estudio sobre las particularidades del modo de producción capitalista. Así como la mercancía dinero debió ser sustituida por un signo por las diferencias entre medida de valor y patrón de medida, deben encontrarse en la dinámica misma del modo de producción capitalista la manera en que funciona todo el sistema monetario contemporáneo. El seguimiento del dinero como medio de pago (dinero crédito) en los cambios ocasionados por la división del trabajo, la creciente intervención del crédito y del sistema de financiamiento de las empresas, la competencia y por la paulatina constitución del mercado mundial es lo que dará lugar al desarrollo de la teoría del dinero.

3.- Teoría de la plusvalía[24]

Transformación del dinero en capital

En los modos de producción previos al modo de producción capitalista ya se habían desarrollado la producción, circulación y circulación ampliada (comercio) de mercancías, por lo que *el dinero obtenido de dicho comercio de mercancías se utiliza de tal manera que será convertido en capital.* Por ejemplo 100 libras de oro obtenidas por el intercambio con otras comunidades constituye la cantidad de dinero inicial de cierto productor que usará como capital. Ahora bien, si el dinero no es el capital pero puede funcionar como tal ¿de qué manera esta cantidad dinero se convierte o funciona como capital? La cantidad de dinero, como expresión de una cantidad de valor existente, entra a cualquier mercado comprando trabajo o mercancías y después de su funcionamiento dentro de ese mercado hace circular nuevas mercancías y nuevo trabajo. Este flujo constante de conversión del dinero en mercancías y conversión de las mercancías en dinero es lo que convierte vuelve al dinero en más que solo la expresión de valor de las mercancías, es lo que lo vuelve capital[25]. Por esta razón es importante analizar las diferentes maneras en que puede darse esta circulación del dinero:

La circulación del dinero en su forma mercantil simple es: Mercancía – Dinero – Mercancía (M-D-M). Primero se entrega una mercancía a cambio de su equivalente en dinero y con esa suma de dinero se compra otra mercancía. Es decir se vende para comprar. Con ello se nota que el objetivo de la circulación del dinero es obtener una mercancía que satisfaga una necesidad. La finalidad del intercambio es obtener una mercancía cualitativamente distinta a la que se poseía.

A la par de la circulación M-D-M, la circulación de dinero ocurre de la siguiente manera: Dinero – Mercancía – Dinero (D-M-D). Una cantidad de dinero se entrega a cambio de cierta mercancía y con ella se obtiene una nueva cantidad de dinero. Es decir se compra para vender. En primera instancia la diferencia entre la suma inicial y final de dinero no importa, bien pueden ser iguales o diferentes por casualidad, lo que importa es el reflujo de dinero para poder llevar a cabo todos los intercambios (tal era el caso de comerciantes o usureros en modos de producción previos al modo de producción capitalista y durante la época de transición al capitalismo).

---

[24] Este capítulo se basa en las secciones de *El Capital* llamadas: La transformación del dinero en capital, Producción de plusvalor absoluto, Producción de plusvalor relativo, La producción de plusvalor absoluto y relativo, las cuales comprehenden las pp. 179-651.

[25] El funcionamiento del dinero y lo que expresa depende de las relaciones sociales del modo de producción. En el capitalismo, al igual que en toda economía mercantil, el dinero funciona como medida de valor y medio de circulación. Pero en el capitalismo, por sus relaciones sociales particulares, el dinero también *expresa* un proceso. El paso del dinero (por medio de compras y ventas) de un mercado a otro expresa los resultados sucedidos en una fase de ese proceso.

Fórmula general del capital

Conforme se amplía y profundiza el comercio, la mercancía dinero se ve constantemente liberada para desarrollar su propia circulación D – M – D, por lo que toma preponderancia sobre la circulación simple M-D-M. La circulación prevaleciente pasa a ser la del dinero, y como el dinero únicamente expresa diferencias cuantitativas lo que pasa a ser preponderante es la diferencia cuantitativa entre su cantidad inicial y final. La circulación D-M-D cambia a D-M-D' donde D' > D, por lo que también se puede expresar como D-M-D+ΔD. Donde ΔD es la diferencia cuantitativa entre la suma inicial de dinero con la que se compra y la suma de dinero obtenida de la venta. Esta diferencia entre el valor original que se adelantó y el valor excedentario que se obtuvo es el *plusvalor*. El proceso es el siguiente: se adelanta una suma inicial de dinero (D, que representa cierta cantidad de valor), con la cual se compran mercancías en algún mercado (M del valor que expresa D) y durante el curso de la circulación no nada más se conserva dicho valor, sino que también se incrementa (D'= D+ΔD). *Bajo este proceso es que cualquier suma de dinero se transforma en capital.* El dinero inicial (D), las mercancías compradas (M) y la cantidad final de dinero (D'), cada uno son una fase del circuito y cada uno es la expresión del proceso de ampliación de valor, esto es, el proceso del capital[26].

D-M-D' o D-M-D+ΔD es la fórmula general del capital porque no importa qué tipo de empresa sea la que utilice una cantidad inicial de dinero para hacerlo funcionar como capital durante el proceso de circulación. Pueden ser industriales, comerciantes o prestamistas, todos como agentes que ponen en funcionamiento esa cantidad inicial de dinero (*ponen en marcha* el proceso) son personificaciones particulares del capital en general. Según la actividad en la que se utiliza el dinero es la parte del proceso que se lleva a cabo, por ello su nombre de capital industrial, capital comercial, capital dinerario o usurero (prestamistas de dinero).

Esta nueva etapa en la que se compra para vender con el único objetivo de obtener más de lo que inicialmente se tenía es lo que hace que el dinero deje de ser solo el representante del valor y pase a ser el eslabón crucial del proceso nuevo del capital. El dinero se transforma en capital, es capital, porque es el elemento indispensable para que comience el proceso de ampliación de valor y porque es el elemento indispensable para que se refleje que el proceso de ampliación de valor efectivamente sucedió. Es el punto de partida y de cierre

---

[26] Aquí es fundamental hacer una diferencia. Como dice Harvey (1990) "**el capital debe definirse como un proceso más bien que como una cosa.** La manifestación material de este proceso existe como una transformación del dinero en mercancías y de estas en dinero con una ganancia adicional [...] como ya hemos definido el dinero como la representación material del valor, podemos decir también que **el capital es un proceso de expansión de valor.**" Que el dinero "funcione" o sea "convertido" en capital no es una función inmanente del dinero. *La cantidad de dinero mayor al final del circuito es la expresión de que el proceso sucedió, se ejecutó la ampliación del valor.* Este proceso está condicionado históricamente porque se basa en la relación social fundamental: capital-trabajo asalariado. De no existir dichas condiciones sociales no existiría el capital, esto lo veremos a continuación.

continuo que define al capital. Es en este sentido únicamente que se dice que el dinero se transforma en capital.

Origen del plusvalor

No obstante, la pregunta que surge de observar el proceso del capital es ¿de dónde surge el plusvalor? Para responder a esta pregunta es preciso analizar el proceso de circulación del dinero desde la fase inicial hasta la fase en que aparece el plusvalor.

Comenzaremos con un intercambio, que como hemos visto anteriormente, es intercambio de mercancías con el mismo valor, es decir, de equivalentes. Para las dos partes de la transacción existe el proceso M-D-M y D-M-D simultáneamente. Imaginemos al agente I que produce una cantidad *x* de mercancía A y el agente II produce una cantidad *y* de mercancía B. En caso de que alguno de los agentes necesitara de la mercancía del otro podría comprarle cierta parte o la totalidad de su producto con una cantidad de dinero (en este caso el dinero solo funciona como medida de valor y cambio). Bajo esta transacción las dos partes resultarían beneficiadas porque ambas podrían satisfacer una necesidad distinta a la mercancía que producen, es decir, en términos *de valor de uso* (cualitativos) ambas partes resultan beneficiadas. Pero ¿qué sucede respecto al valor? En el acto de intercambio de equivalentes *no hay acrecentamiento de valor (cuantitativo)*. Tanto el agente I como el agente II ya tenían una cantidad de valor y lo único que hicieron fue intercambiarla por una cantidad de valor igual porque el valor de todas las mercancías, representado en sus precios, se encuentra determinado *previo a* su circulación[27]. Este ejemplo solo muestra un acto en el que se intercambian mercancías entre sí o por sumas de dinero equivalentes al valor de dicha mercancía, razón por lo cual no puede ocurrir un incremento en la magnitud del valor. El intercambio de mercancías entre sí o mercancías por dinero del *mismo valor* muestra claramente que nadie obtiene más valor que el otro, por tanto no puede ser el origen de la plusvalía (que es un fenómeno enteramente cuantitativo)[28].

Podría pensarse que el plusvalor surge del intercambio de no equivalentes. Es decir que un agente vende por encima del valor de su mercancía. Supongamos que el agente I posee 5

---

[27] Cuando se asiste a cualquier tienda el precio de las mercancías ya se encuentra establecido, basado en su valor. Inclusive en los intercambios en los que el comprador puede 'regatear' o puede ocurrir alguna modificación en el precio, previo a ello ya se encuentra determinado un precio (fundado en su valor). Esto se debe a que esta circulación se basa en una estructura social completa. Recordemos que la teoría económica convencional no se adentra en el análisis social del modo de producción, sino que únicamente se basa en un intercambio aislado. No contempla a la economía como un sistema orgánico.

[28] Se podrá argumentar que en caso como el del 'regateo' un agente podría obtener más valor del que entrega porque consigue disminuir el precio de la mercancía que adquiere. Asumamos que el valor del dinero es 1. Si el valor de una mercancía es 5 horas y por consiguiente su precio es de 5 pesos y el comprador consigue convencer al vendedor de entregarle únicamente 4 pesos entonces el vendedor habrá perdido 1 peso o una hora de trabajo. No hubo incremento de valor, la ganancia de uno es la pérdida del otro. Si se habla de un caso aislado, como lo hace la economía convencional, el hecho de que una persona venda a otra un objeto que ya ha sido producido a un precio según sus estimaciones solo significará el desplazamiento de ingresos del comprador al vendedor.

libros con un valor de 5 horas y que por ser la expresión monetaria del tiempo de trabajo igual a 1, los venderá en 5 pesos. No obstante como decide incrementar el precio de los libros en 20% ahora los vende en 6 pesos al agente II. La ganancia del agente I es igual a la pérdida del agente II y es de 1 peso. Ahora imaginemos que un agente III le compra al agente II que también desea ganancia de 1 peso, entonces la pérdida de 20% se le cargaría a III y así sucesivamente. El incremento en los precios que harían I, II, III… sería nominal, solo harían que les entregaran más dinero del que debería, pero las relaciones de valor entre las mercancías hubieran quedado sin cambio, por lo que tampoco existiría formación incremental de valor. Por tanto, el plusvalor no puede surgir porque se venda por encima de valor, es decir, no surge del intercambio de no equivalentes.

La ilusión social de que el plusvalor proviene de un recargo nominal sobre los precios proviene de la imagen que dan los comerciantes. En efecto, si alguien decidiera vender mercancías y les incrementara el precio en algún porcentaje obtendría más dinero del que entregó al comprar y con ello podría comprar más de lo que hubiera podido comprar con su cantidad inicial de dinero. Pero en cuanto se deja de ver un acto de intercambio aislado y se considerara a un grupo amplio o a toda una sociedad de comerciantes la ilusión desaparece, se muestra evidente que no hay formación ni incremento de valor. Únicamente se intercambiarían mercancías por mayores o menores cantidades de dinero pero seguiría sin presentarse el incremento de valor.

Ahora bien, podría considerarse el caso del fraude. Imaginemos que el agente I posee la mercancía A con precio de 100 y se lo intercambia al agente II por la mercancía B de precio 120, por lo que obtendría 20 pesos más de lo que debería obtener[29]. Supongamos que la expresión monetaria del tiempo de trabajo era 2, entonces los valores de las mercancías A y B eran 50 y 60 respectivamente. Antes y después del fraude el valor existente es de 110. El valor de las mercancías no se incrementó, por tanto no puede ser el origen del plusvalor.

Estos casos nos llevan a una conclusión fundamental: *el plusvalor no puede surgir por el intercambio*. Sin embargo, si un agente ha de transformar su dinero en capital ingresando su cantidad inicial a la esfera de la circulación y extrayendo de ella una cantidad mayor ¿cómo sucede la transformación del dinero en capital en la circulación sin transgredir las leyes del intercambio (con base en el intercambio de equivalentes)? El agente, con su cantidad inicial de dinero, debe pagar el valor íntegro de una mercancía y esta mercancía debe darle por sus cualidades más valor del que el capitalista entregó por ella.

---

[29] Esto es lo que la teoría económica convencional llama "información imperfecta". Un agente puede tener ganancias a costa de información privilegiada o la ignorancia del otro agente. La exaltación de la información perfecta o imperfecta ocurre de nuevo porque el intercambio aislado es para ella el acto económico por excelencia.

Compra y venta de la fuerza de trabajo

¿Cuál es la mercancía que le permite al capitalista obtener de ella mayor valor del que entregó (representado en la suma inicial de dinero)? Y ¿cómo es que esa mercancía le proporciona un mayor valor por el que fue comprada? Empecemos por la segunda pregunta. El que una mercancía genere más valor del que ella contiene no puede provenir de sus características cuantitativas (su propia magnitud de valor) este incremento de valor solo puede surgir *de sus características cualitativas y del uso o consumo que se haga de ellas*. Lo cual nos lleva a la primera pregunta. El que una mercancía entregue más valor implica que ella misma es *fuente de valor*, es decir *objetivación de tiempo de trabajo,* y por consiguiente creadora de valor. La única mercancía que puede proporcionarle plusvalor al poseedor de dinero es la mercancía capaz de proporcionarle trabajo. Esta mercancía es la **fuerza de trabajo**.

La fuerza de trabajo es la capacidad de realizar cualquier actividad laboral durante un espacio de tiempo, dicha capacidad es el conjunto de facultades físicas y mentales que un ser humano aplica cuando produce valores de uso[30]. Es importante resaltar que **fuerza de trabajo y trabajo no son lo mismo**. La fuerza de trabajo es la capacidad de desempeñar cierta actividad laboral, el trabajo la actividad laboral misma.

Para analizar la compra y venta de la fuerza de trabajo recordemos el análisis hecho del intercambio de cualquier mercancía. Los agentes poseen objetos que no tienen un valor de uso para sí mismo (no satisfacen una necesidad propia), por el contrario, son *no valores de uso* para ellos, por lo que los intercambian con algún agente para el cual sí satisfagan una necesidad (sean valor de uso). En este acto, tanto el agente que compra como el agente que vende acuerdan libremente entregarse cierta cantidad de mercancía por dinero. El caso de la compra y venta de fuerza de trabajo sucede de la misma manera, sin embargo por la peculiaridad de la mercancía fuerza de trabajo debe analizarse a mayor profundidad, esto es, debe responderse ¿por qué los trabajadores venden su fuerza de trabajo? ¿Por qué su fuerza de trabajo es un no valor de uso para ellos y por qué es un valor de uso para los compradores? *Como los trabajadores no poseen medios para producir (materias primas, tierra, máquinas, etc.), su fuerza de trabajo no representa un valor de uso para ellos por lo que lo venden a los capitalistas, los cuales al ser los poseedores de los medios de producción* (centros de trabajo como fábricas, máquinas, materias primas, instrumentos de trabajo como herramientas, terrenos, etc.) *requieren de la fuerza de trabajo para poner en movimiento sus propiedades.*

---

[30] Ese conjunto de facultades físicas y mentales varía según el individuo que produce, no obstante por más que busque enfatizarse en la diferencia entre ellos no se encontrará una gran separación entre las capacidades de un hombre y otro. Las facultades físicas y mentales se encuentran determinadas por la época histórica y cultural y también varían de acuerdo a los cambios técnico-organizacionales de la época.

La existencia de poseedores de medios de producción por un lado y personas que únicamente poseen su fuerza de trabajo por el otro no surge de la naturaleza sino de *procesos históricos que preceden al capitalismo y como tal constituyen su fundamento para poder existir*. La relación social de producción capital-trabajo asalariado, en la que los medios de producción están totalmente separados del productor directo, es un hecho previo a la plena constitución del modo de producción capitalista. La separación entre medios de producción y trabajo ya existía desde hacía milenios como lo vivieron los amos y sus esclavos, no obstante el modo de producción capitalista se distingue de todos los otros modos de producción en que el trabajador se encuentra "libre" de cualquier lazo directo de dependencia[31]. El lazo de dominio es indirecto, invisible en la superficie, porque no todos los aspectos de la vida del trabajador se encuentran bajo el mando del capitalista. Sin embargo, sigue siendo un vínculo de dominio porque el trabajador requiere venderle al capitalista su fuerza de trabajo a cambio de un salario para vivir o sobrevivir.

La compra y venta de la fuerza de trabajo se lleva a cabo como la de cualquier otra mercancía, sin embargo la capacidad de trabajar es una mercancía especial por lo que surge la pregunta ¿a qué valor se compra la fuerza de trabajo? Pregunta que nos conduce a otra pregunta ¿qué determina el valor de la fuerza de trabajo?

Valor de la fuerza de trabajo

Al igual que el valor de cualquier mercancía, el valor de la fuerza de trabajo se determina por el tiempo de trabajo socialmente necesario para su producción, tanto como ser vivo que trabaja, como ser social en una cierta época histórica.

Como la fuerza de trabajo es una facultad de un ser humano vivo, su producción debe constituir en primer lugar las necesidades básicas que le permitan existir. Una vez garantizada su existencia, debe considerarse su reproducción, tanto por el lado en el que el trabajador deba presentarse cada día a su puesto de trabajo como en el caso en que ya no pudiera desempeñar trabajo alguno, por lo que tendría que ser repuesto en el mercado. Esto significa, que el valor de su fuerza de trabajo también incluye las necesidades de los integrantes de su familia, los cuales serán quienes laboren cuando el trabajador no pueda hacerlo.

El valor de la fuerza de trabajo no se limita a las necesidades de subsistencia. En la medida en que el trabajador es un ser dentro de una sociedad ubicada geográfica e históricamente con determinado nivel cultural, sus necesidades están determinadas por el lugar en donde se desarrolla y el momento histórico en que lo hace. Por tanto, el valor de la fuerza de trabajo es un producto cultural del desarrollo histórico, razón por la cual, al cambiar la cultura

---

[31] El trabajador no es propiedad del capitalista y tampoco depende de la propiedad privada de los terrenos un señor como el caso del trabajo servil, sino que se encuentra en separación directa.

conforme suceden cambios materiales y sociales, el valor de la fuerza de trabajo cambia (Lebowitz, 2003).

El valor de la fuerza de trabajo constituye el valor de determinados medios que cubren sus necesidades. Si suponemos dadas, y por ello constantes, las necesidades de los trabajadores durante un periodo, el valor de la fuerza de trabajo sería el valor de cada objeto que consume (la cantidad de valores de uso que consume multiplicada por el valor de cada uno de ellos)[32]. Si ese periodo es un año obtenemos el valor diario de esa fuerza de trabajo dividiendo el valor total de los valores de uso que consume entre 365.

Si

a_i *es el valor de las mercancías que consume en su totalidad diariamente*

b_i *es el valor de las mercancías que consume en su totalidad semanalmente*

c_i *es el valor de las mercancías que consume en su totalidad mensualmente*

d_i *es el valor de las mercancías que consume en su totalidad bimestralmente*

etc.

Y

$\eta_{ai}, \eta_{bi}, \eta_{ci} \ldots$ *es la cantidad de mercancías que consume segun el periodo en que las*

consume en su totalidad

Sabemos que el valor de las mercancías que consume la fuerza de trabajo se determina como:

$$a_i = \frac{1}{f_{ai}}, b_i = \frac{1}{f_{bi}}, \ldots \text{ es el valor de una mercancía de acuerdo al periodo en que es consumida}$$

Por tanto el valor diario de la fuerza de trabajo (vd_{ft}) es:

$$= \frac{[365 \sum_{ai=1}^{A} \eta_{ai} a_i + 52 \sum_{bi=1}^{B} \eta_{bi} b_i + 12 \sum_{ci=1}^{C} \eta_{ci} c_i + 6 \sum_{di=1}^{D} \eta_{di} d_i + \cdots + 4 \sum_{gi=1}^{G} \eta_{gi} g_i]}{365}$$

Sabemos que el valor de cualquier mercancía se mide en $\frac{unidades\ de\ tiempo}{unidades\ de\ mercancía}$, en este caso la mercancía es la fuerza de trabajo del trabajador que operará durante una jornada, por ello se mide como:

---

[32] El supuesto metodológico de que las necesidades son dadas y por ello constantes es la única manera para entender de dónde y cómo surge la plusvalía. Esto no significa que el valor de la fuerza de trabajo sea constante, al contrario, es variable. No obstante, ese sería uno de los temas fundamentales del libro sobre *El Trabajo Asalariado*, el cual Marx planeaba fuera el tercer libro de su teoría sobre el modo de producción capitalista. Para conocer más del proyecto por el cual se entendería el modo de producción capitalista ver Lebowitz, 2003, pp. 27-51.

$$\frac{unidades\ de\ tiempo\ para\ que\ viva\ un\ trabajador\ y\ su\ familia\ al\ día}{jornada\ de\ trabajo}$$

El valor de la fuerza de trabajo puede ser distinto según el tipo de trabajador. La manifestación del trabajo simple y complejo se expresa en el modo de producción capitalista por las diferencias en el valor de la fuerza de trabajo. El trabajo intelectual (o de cierta destreza especial) es trabajo complejo y el trabajo promedio es el trabajo simple. El trabajo complejo requiere un tiempo de aprendizaje, preparación y experiencia (por encima del promedio), dicho tiempo de trabajo social se le agrega al valor de la fuerza de trabajo de esos obreros especializados y por eso cuenta como complejo. Por esta razón, el valor diario de la fuerza de trabajo simple equivale a una cantidad menor de trabajo complejo.

$$vd_{ft}{}^{c} = \lambda * vd_{ft}{}^{s\,33}$$

Para facilitar el análisis simplificaremos el valor diario de la fuerza de trabajo al asumir que solo consume mercancías que se agotan diariamente y además que solo consume una, por lo cual el valor de la fuerza de trabajo es:

$$vd_{ft} = \frac{[365\sum_{ai=1}^{A}\eta_{ai}a_i]}{365}, \ \ \eta_{ai} = 1, a_i = \frac{1}{f_{ft}}$$

$$vd_{ft} = \frac{1}{f_{ft}}$$

Esta expresión también puede interpretarse como si el valor de todos los bienes consumidos en su totalidad diariamente quedara determinado por la fuerza productiva del trabajo f_{ft}.

El límite mínimo del valor de la fuerza de trabajo son los medios de subsistencia, es decir, las mercancías mínimas indispensables para la supervivencia y reposición de energía del trabajador y su familia. Si el precio de la fuerza de trabajo cayera por debajo del valor entonces el trabajador se mantendría y reproduciría atrofiadamente.

---

[33] Conforme avanzan las fuerzas productivas del trabajo, surgen nuevos sectores de trabajo que requieren múltiples tipos de trabajo útil (informáticos, diseñadores, ingenieros de todo tipo, etc.), no obstante como trabajo abstracto, el trabajo simple son las actividades laborales que requieren el grado de conocimientos, destreza y experiencia promedio en cada momento histórico del modo de producción capitalista. En cada periodo puede encontrarse la conversión entre trabajo simple y complejo al conocer el tiempo promedio gastado para su enseñanza por encima de los trabajos que no requirieron tal aprendizaje. Como dice Mandel (1962) "El trabajo humano especializado se considera como un trabajo compuesto [complejo] en el que no solamente entra el gasto de trabajo del artesano en el momento en que lo produce en calidad de maestro, sino también una parte de su gasto de trabajo no remunerado durante la época de su aprendizaje (amortización social de los gastos generales de aprendizaje)". Cómo establecer de manera precisa la conversión entre trabajo simple y complejo es una cuestión de medición empírica y se deja para futuras investigaciones. Los capitalistas le dejan a los trabajadores la responsabilidad de estudiar una carrera profesional o cubrir cualquier entrenamiento para enfrentar mejor la competencia entre ellos, por lo cual si los obreros no se preparan constantemente serán desplazados por otros obreros calificados.

Una diferencia entre la mercancía fuerza de trabajo y la mayoría de las mercancías restantes, es que su fecha de pago se determina contractualmente (jornada, semana, quincena, mes). En lugar de entregar inmediatamente la cantidad de dinero al comprar la fuerza de trabajo, el capitalista la adquiere, la consume y solo hasta que la fuerza de trabajo haya producido plusvalor recibe su pago[34]. Igualmente las condiciones de trabajo se establecen contractualmente sea individual o colectivamente. El precio diario de la fuerza de trabajo es la expresión dineraria de su valor. No obstante la retribución (salario) a los trabajadores también puede incluir otros factores[35]. Más adelante veremos cómo se determina salario que se paga por la fuerza de trabajo.

Sabemos qué determina el valor de la fuerza de trabajo, ahora la pregunta es ¿cómo el consumo de la fuerza de trabajo genera plusvalor?

Como se dijo, el capitalista obtiene el valor de uso de la fuerza de trabajo al consumirla. No obstante, este consumo es al mismo tiempo el *proceso de producción de las mercancías y el proceso de generación de plusvalor*. Como se superponen estos procesos, es necesario estudiarlos a profundidad para poder explicar cómo suceden. Finalmente hemos llegado a un resultado fundamental: *el origen del plusvalor no pertenece a la esfera de la circulación, sino al campo de la producción.*

Proceso de trabajo y proceso de valorización

El capitalista contrata al trabajador, le da indicaciones de qué hacer y le proporciona los elementos que se necesitan para hacerlo. Estos elementos son el objeto de trabajo y los medios de trabajo[36], sobre ellos el trabajador debe imprimir su trabajo orientado hacia un fin, por ejemplo: soldar puertas de un auto, ensamblar juguetes, etc.

Primero analizaremos los elementos del proceso de trabajo para cualquier modo de producción y posteriormente sus particularidades en el modo de producción capitalista.

El *objeto de trabajo* es cualquier cosa que el trabajo convertirá en valor de uso. La tierra, peces, minerales o cualquier otra cosa que extraiga el hombre de la naturaleza directamente son objetos de trabajo naturales. Los objetos de trabajo que ya han sufrido una transformación previa son materias primas.

---

[34] Una muestra clara de este hecho es cuando una empresa quiebra y los trabajadores no reciben su pago por el último tiempo trabajado o cuando despiden a un trabajador y este no había recibido su pago por el último periodo parcial laborado.

[35] A diferencia de la teoría económica convencional que utiliza el término 'precio del trabajo' como sinónimo de salario, en este caso no son sinónimos. Posteriormente se analizará dicha diferencia. La definición que se da del precio del trabajo no es completa, ya que no incluye los posibles "arreglos" entre capitalistas y trabajadores.

[36] Las definiciones: *objeto de trabajo, medio de trabajo, proceso de trabajo* son definiciones válidas para cualquier modo de producción.

Los *medios de trabajo* son las cosas que utiliza el trabajador para convertir el objeto de trabajo en un valor de uso.

Hay algunas cosas que son objeto de trabajo y medio de trabajo al mismo tiempo como la tierra o el mar.

Algunos objetos de trabajo se convierten en medios de trabajo como la madera o metal transformados en mesa, la cual se vuelve medio de trabajo para un cocinero. Conforme la ciencia y sus aplicaciones tecnológicas se desarrollan los medios de trabajo siguen su evolución y viceversa[37].

Durante el *proceso de trabajo*, el obrero utiliza los medios de trabajo para convertir el objeto de trabajo en un valor de uso o bien. En este sentido el trabajo que produce algún objeto que satisfaga una necesidad es trabajo productivo[38].

Cuando el obrero toma el objeto de trabajo y utiliza herramientas para transformarlo, tanto el primero como las segundas constituyen trabajo pasado o *muerto*, gracias al cual puede producirse un bien. El proceso de trabajo es la actividad presente o *viva* de transformación.

El proceso de trabajo lo desempeña el obrero bajo el mando del capitalista, el cual vigila en persona (o contratando a supervisores que le eviten esa actividad) que se realice adecuadamente y consumiendo la cantidad de materiales sin desperdicio. Una vez terminado el proceso de trabajo, la mercancía obtenida es propiedad del capitalista.

Hasta aquí se ha considerado el proceso de producción como proceso de trabajo, sin embargo lo que le interesa al capitalista es convertir su dinero en capital, es decir, obtener plusvalor. Por lo cual ahora veremos al proceso de trabajo como *proceso de formación de valor*.

Un obrero produce tanto valor como tiempo de trabajo desempeñe. Imaginemos un trabajador que produce una camisa en una hora y con dos metros de algodón. Al capitalista le cuestan 60 pesos esos dos metros de algodón, si la expresión monetaria de tiempo de trabajo es de 4 (y el patrón de precios 1) los dos metros contienen 15 horas de trabajo (suponiendo que es la única materia prima que se utiliza y el trabajador confecciona la camisa sin maquina alguna). El valor diario de la fuerza de trabajo es de 8 horas. El trabajador fabrica cada camisa en 1 hora, por lo que si el capitalista le entrega 16 metros de algodón, en 8 horas podrá hacer 8 camisas y habrá terminado con toda la materia prima. Dado que el valor del algodón es de 15 horas de trabajo pasado (o muerto) por camisa y

---

[37] La física proporciona múltiples ejemplos de este tipo. Al desarrollar teorías que requieren comprobación empírica desarrolla instrumentos experimentales o de medición, los cuales a su vez desarrollan métodos ingenieriles y estos llegan a influir en la ciencia.

[38] El trabajo productivo para cualquier modo de producción es aquel que por su desempeño reflejado en un producto o un servicio que satisface una necesidad. En el modo de producción capitalista el trabajo productivo es aquel que genera plusvalor, más adelante se ahondará en este término.

cada camisa consume 1 hora de trabajo del asalariado (trabajo presente o vivo), el valor global de una camisa será de 16 horas y su expresión dineraria será de 64 pesos (60 pesos por el algodón y 4 pesos por la fuerza de trabajo).

El valor de una cantidad de mercancías se forma por el valor de los medios de producción (trabajo muerto) y el valor que genera el consumo de la fuerza de trabajo (trabajo vivo).

$$v_q = v_{mp} + vc_{ft}$$

El capitalista venderá cada camisa en 64 pesos, es decir a su valor, por lo cual no obtendría plusvalor alguno. Entonces ¿cómo conseguiría obtener plusvalor al consumir la fuerza de trabajo? El capitalista hizo trabajar al obrero durante 8 horas, pero lo contrató por una jornada, de modo que nada le impide hacerlo trabajar 10, 12, 14 o más horas. Esto es, el valor de la fuerza de trabajo y la *valorización* que puede realizar durante el proceso de trabajo son diferentes. El capitalista compró la fuerza de trabajo por un día y como tal la hará funcionar durante el tiempo que pueda (10, 12, 14 o más horas). El hecho de que el valor de la fuerza de trabajo sea de 8 horas y pueda producir 2, 4 o 6 horas más por encima de su valor no transgrede las leyes del intercambio. El capitalista está pagando al trabajador su valor y aun así extrae de él más valor. La cantidad excedentaria de valor al final del proceso de trabajo queda plasmada en la cantidad de producto y cuya expresión en dinero se obtendría después de ser vendida. La diferencia entre la suma inicial y final de dinero es el valor producido sin equivalente alguno. Si el capitalista hiciera trabajar al obrero durante 10 horas y no 8 (que es el valor diario de la fuerza de trabajo) le significaría darle 4 metros más de algodón, con lo que podría fabricar 2 camisas más. Así obtendría 2 horas gratis del trabajador es decir 2 horas de plusvalor y como cada una vale 4 pesos obtendría 8 pesos como expresión dineraria de ese plusvalor. Si lo hiciera trabajar 12 horas tendría que darle 8 metros de algodón y con ello fabricaría 4 camisas, con lo que obtendría 4 horas de plusvalor reflejadas en 16 pesos.

El proceso de formación de valor es el que se realiza durante el tiempo en que el trabajador repone su valor y el *proceso de valorización* es el que se lleva a cabo después del proceso de formación de valor, esto es, después de reponer su valor el trabajador *agrega valor*[39]. **El proceso del capital es el proceso de valorización, es decir el proceso de agregar valor. Este valor agregado es el plusvalor, por tanto el proceso del capital es proceso de producción de plusvalor.** Si una cantidad de dinero desembolsado no consigue que los trabajadores generen plusvalía entonces el proceso del capital no habrá ocurrido. El valor de la fuerza de trabajo, el valor de los medios de producción (trabajo pasado) y el valor agregado se encuentran contenidos físicamente en las mercancías y como el capitalista es

---

[39] Se usa el término 'valor agregado' de manera indiscriminada tanto entre los economistas como en la sociedad en general, sin embargo no se usa como concepto científico. Lo que no dicen es ¿quién agrega ese valor? ¿cómo es agregado? La teoría económica marxista, como teoría científica, utilizar el término 'valor agregado' como concepto. El valor agregado es la plusvalía, la cual se produce durante el proceso de valorización o tiempo de plustrabajo.

dueño de todo el producto, también es dueño de todos sus componente, incluyendo el plusvalor.

Trabajo necesario, plustrabajo y plusproducto

El trabajo que se desempeña durante el proceso de formación de valor solo repone el valor de la fuerza de trabajo, es decir es el *trabajo necesario* (l_n) para que el trabajador satisfaga sus necesidades ($vd_{ft} = l_n$). En el ejemplo 8 horas.

El trabajo que se desempeña durante el proceso de valorización es tiempo de trabajo que se apropia el capitalista sin remuneración alguna para el trabajador, es tiempo de trabajo por encima de su valor, es decir *plustrabajo* (l_s). En el ejemplo 2, 4 o 6 horas.

La jornada laboral se divide en trabajo necesario y plustrabajo, lo cual se expresa en la ecuación siguiente:

$$l = l_n + l_s$$

Por lo que la jornada laboral desempeñada con cierta intensidad[40] es:

$$l^\gamma = (l_n + l_s)^\gamma \text{[41]}$$

La plusvalía es la diferencia entre la jornada laboral y el trabajo necesario y se expresa en términos monetarios:

$$p = m * (l - l_n)$$

Si *m=1* la plusvalía es igual al plustrabajo.

$$p = (l - l_n)$$

$$p = l_s$$

El producto que genera el trabajador durante el proceso de formación de valor es el *producto necesario* y representa el trabajo necesario del obrero. En nuestro ejemplo 8 camisas. El producto generado durante el proceso de valorización con las horas de plustrabajo extraídas al trabajador, es el *plusproducto*. En el ejemplo 2, 4 o 6 camisas.

Para continuar es necesario modificar la función de producción general que usaremos. Cada empresa produce usando cierta cantidad de trabajadores (T_e^i) con determinada jornada

---

[40] Marx asumió durante todo *El Capital* que los trabajadores laboraban con una intensidad del 100%, excepto en las variaciones de la intensidad que se verán más adelante, por lo cual se asumirá que la intensidad es igual a 1.

[41] Con la intensidad del trabajo igual a 1, se llegó a esta ecuación al igual que Moseley (2003), por lo cual se tomó la notación del autor para plustrabajo (l_s) y trabajo necesario (l_n).

laboral (l_e^i) y su respectiva intensidad de trabajo (γ) para transformar cierta cantidad de medios de producción (q_e^j) (materias primas, instrumentos de trabajo, máquinas) con una fuerza productiva del trabajo (f_e^i) compuesta por los múltiples determinantes específicos de cada tipo de producción, exceptuando la destreza de los trabajadores (b) y la eficacia de los medios de producción (a) que ahora separamos para captar su efecto directo en la producción.

La eficacia de un elemento de la producción es la cantidad de unidades que se pueden producir con su nivel o grado de uso, por lo cual se mide en $\frac{unidades\ de\ mercancía}{elemento\ de\ la\ producción}$.

La destreza laboral[42] no es más que la eficacia del trabajo, por lo que se mide como $\frac{unidades\ de\ mercancía}{hora\ de\ trabajo}$.

La eficacia de los medios de producción se mide como $\frac{unidades\ de\ mercancía}{unidades\ de\ medios\ de\ producción}$.

Ahora la función de producción es:

$$q_e^i\left(f_e^i, l_e^i, \gamma_e, T_e^i, q_e^j, a, b\right) = f_e^i * \frac{[b * (T_e^i) * (l_e^i)^\gamma + a * (q_e^j)]}{2}\ unidades\ [43]$$

Son dos los elementos que se utilizan para producir por lo que se dividen entre dos. Más adelante veremos el caso en que la producción es realizada con n componentes.

Como la fuerza productiva del trabajo es una constante que no tiene unidades de medida, ya que esta se encuentra constituida por todos los elementos no incluidos en la destreza del trabajo o eficacia del trabajo que potencian la producción[44]. Las unidades son:

---

[42] Otra aclaración importante es que la destreza del trabajo no pertenece al trabajador mismo. Si bien la destreza del trabajo incluye la habilidad del trabajador para desempeñar una labor en específico, este componente de la fuerza productiva del trabajo es más amplio por lo que contempla toda aquella potenciación directa a la labor de los trabajadores.

[43] Los medios de producción **no** son capital. Los medios de producción son los medios de trabajo necesarios para producir. Una vez más la teoría económica convencional demuestra su superficialidad al considerar al capital como un objeto y no como un proceso basado en una relación social. La expresión "bienes de capital" no tiene sentido alguno. La teoría económica convencional necesita atribuirle al "capital" propiedades productoras de valor en la producción porque de otra manera no podrían encontrar los precios de los medios de producción. Para esta teoría el grado en que participan los factores de producción (el rendimiento marginal) en la producción es lo que determina su retribución (precio). Este artificio conceptual y técnico busca justificar que la ganancia es tan solo una retribución por lo que "aporta" el empresario.

[44] Dichos elementos dependen de cada sector de producción, por ejemplo en la agricultura serán el clima, la calidad del suelo, la humedad, etc. Estos elementos se refieren principalmente a sectores que no son ampliamente controlados por el hombre, sino que dependen más de la naturaleza, como la agricultura, ganadería, minería y pesca. A diferencia de la manufactura que es el sector que predomina en el capitalismo precisamente porque en él se controla más fácilmente el tiempo de trabajo. La fuerza productiva del trabajo

$$b\left(\frac{unidades}{horas}\right) * (T_e^i) * (l_e^i)^\gamma (horas) = unidades$$

$$a\left(\frac{unidades}{medios\ de\ producción}\right) * (q_e^j)(medios\ de\ producción) = unidades$$

Por lo que la función de producción se mide en unidades:

$$f_e^i * \frac{[b * (T_e^i) * (l_e^i)^\gamma + a * (q_e^j)]}{2} = unidades$$

Para llevar a cabo la producción, es necesario mantener una proporción en la que se debe emplear horas de trabajo y medios de producción. Dicha proporción es la composición técnica:

$$CT_e^i = \frac{q_e^j}{T_e^i * \left(l_e^i\right)^\gamma} \frac{medios\ de\ producción}{horas\ de\ trabajo}\ ^{45}$$

La composición técnica es un requerimiento técnico de la producción que en primera instancia se le presenta como un *dato* al capitalista. La composición técnica depende de la destreza del trabajo y de la eficacia de los medios de producción, dando lugar a la proporción entre medios de producción y horas de trabajo empleados. Si dichos elementos de la fuerza productiva del trabajo cambian entonces la composición técnica se verá modificada.

La composición técnica está determinada por la destreza del trabajo y la eficacia de los medios de producción porque la proporción en que se deben emplear los medios de producción y los trabajadores debe ir acorde al nivel potencial de producción de cada elemento. No se pueden emplear más elementos productivos de lo que se pueden activar realmente en la producción, dadas sus respectivas eficacias productivas:

$$CT_e^i = \frac{q_e^j}{T_e^i * \left(l_e^i\right)^\gamma} \le \frac{b}{a} \Rightarrow a * q_e^j \le b * T_e^i * \left(l_e^i\right)^\gamma$$

---

no nada más se refiere a elementos que puedan actuar como una constante que potencien la producción, sino también a la *forma* misma en que se puede llevar a cabo la producción, por lo cual también puede ser una *función* de los elementos productivos. En esta obra únicamente se considera la función fuerza productiva del trabajo como una constante que potencia la producción, en futuros se trabajos se desarrollará todo el potencial conceptual y operativo de este concepto.

[45] Esta composición técnica no es lo mismo que el coeficiente capital-trabajo neoclásico presentado por Solow. La diferencia principal proviene desde la manera en que se plantea la producción y sus determinantes, pero principalmente en que el argumento de la función de producción no se puede reducir a los medios de producción por horas. La composición técnica es una proporción que resulta de un nivel de la fuerza productiva del trabajo, es distinta en cada ramo de producción y varía conforme la fuerza productiva del trabajo cambia.

Es importante notar que sin mejoras en la destreza del trabajo, si el capitalista quisiera producir más pero solo tuviera dinero suficiente para comprar más medios de producción, la única manera conseguirlo sería manteniendo esta proporción constante, por lo cual tendría que incrementar la jornada laboral o la intensidad del trabajo, es decir, incrementar la explotación de su trabajadores empleados.

$a * q_e^j$ Es el potencial productivo o la cantidad de mercancías que podrán producirse con una eficacia dada y una cantidad de medios de producción empleados. Por ejemplo si $a = \frac{5}{2}$ significa que se pueden producir 5 mercancías con 2 medios de producción, por lo que al multiplicarlo por $q_e^j = 50$ podrían producirse 125 mercancías.

$b * T_e^i * \left(l_e^i\right)^\gamma$ Es el potencial productivo o la cantidad de mercancías que podrán producirse con una destreza laboral dada y una cantidad de trabajadores. Esto es, si $b = 2$ significa que se pueden producir 2 mercancías por cada hora de trabajo, por lo que si se emplean $T_e^i * \left(l_e^i\right)^\gamma = 20$ podrán producirse 40 mercancías.

Por esta razón los capitalistas buscarán mantener potenciales productivos de la misma magnitud $a * q_e^j = b * T_e^i * \left(l_e^i\right)^\gamma$, esto es, al nivel máximo de la composición técnica. De otra manera estarían desperdiciando capacidad de producción. Debido a esto, la cantidad de medios de producción o de trabajadores que utilizará un capitalista es la siguiente:

$$q_e^j = CT_e^i * T_e^i * \left(l_e^i\right)^\gamma = \frac{b}{a} * T_e^i * \left(l_e^i\right)^\gamma \quad \text{ó} \quad T_e^i = \frac{q_e^j}{CT_e^i * \left(l_e^i\right)^\gamma} = \frac{a}{b * \left(l_e^i\right)^\gamma} * q_e^j$$

Con lo cual se ve que la cantidad de trabajadores empleados disminuye cuando la composición técnica incrementa. La composición técnica depende exclusivamente de la destreza de los trabajadores y la eficacia de los medios de producción, que son elementos de la fuerza productiva del trabajo, por lo que el incremento de alguno de ellos permite un ahorro en tiempo de trabajo, en este caso de trabajadores. El ahorro en tiempo de trabajo no se manifiesta en una disminución de la jornada laboral, sino *en la cantidad de trabajadores asalariados contratados*. Esta forma peculiar en que se cumple la ley del valor en el modo de producción capitalista es fundamental, ya que aun cuando cada trabajador podría laborar cada vez menos (y aun así producir la misma cantidad de bienes que antes o más), los capitalistas optan por despedir empleados para producir más y disminuir costos.

Estas proporciones nos permiten expresar de manera diferente la función de producción:

$$q_e^i = f_e^i * \frac{b * T_e^i * \left(l_e^i\right)^\gamma + a * \frac{b}{a} * T_e^i * \left(l_e^i\right)^\gamma}{2} = f_e^i * \frac{2 * b * T_e^i * \left(l_e^i\right)^\gamma}{2}$$

$$q_e^i = f_e^i * b * T_e^i * \left(l_e^i\right)^\gamma$$

Igualmente la función de producción podría ponerse en términos de los medios de producción ($q_e^i = f_e^i * a * q_e^j$). No importa si la producción se expresa con trabajo vivo o con medios de producción, la cantidad de producto será la misma precisamente porque los potenciales productivos se igualan buscando producir lo máximo posible.

En el caso en que la empresa comprara más medios de producción de los que los trabajadores podrían transformar en mercancías, dichos medios de producción quedarían almacenados y se pueden contabilizar como productos no terminados o en proceso. Si se emplearan más trabajadores de los necesarios para transformar materias primas entonces no laborarían y el capitalista estaría pagando salarios sin sentido alguno.

Si el capitalista buscara producir más mercancías del tipo i, por ejemplo el triple, sin cambiar la fuerza productiva del trabajo que emplea entonces requeriría el triple de horas de trabajo y el triple de medios de producción:

$$= f_e^i * \frac{3 * b * T_e^i * \left(l_e^i\right)^\gamma + 3 * a * q_e^j}{2} = f_e^i * \frac{3 * \left[b * T_e^i * \left(l_e^i\right)^\gamma + a * q_e^j\right]}{2}$$

$$= 3 * \left\{\frac{f_e^i * \left[b * T_e^i * \left(l_e^i\right)^\gamma + a * q_e^j\right]}{2}\right\} = 3 * q_e^i$$

Con esto vemos que la proporción entre trabajadores y medios de producción permanece constante:

$$CT_e^i = \frac{3 * q_e^j}{3 * T_e^i * \left(l_e^i\right)^\gamma} = \frac{q_e^j}{T_e^i * \left(l_e^i\right)^\gamma}$$

Para que el valor contenido en los medios de producción (tiempo de trabajo muerto) sea transferido a un producto terminado es indispensable que la empresa productora del bien final los actualice por medio del tiempo de trabajo vivo para producir la mercancía i. Por lo cual expresamos el trabajo pasado como: $(T_e^j) * (l_e^j)^\gamma$.

Consideraremos que las q_e^j unidades de medios de producción son fabricadas por otra empresa bajo la función de producción:

$$q_e^j = f_e^j * T_e^j * \left(l_e^j\right)^\gamma \; unidades \; de \; medios \; de \; producción$$

Es importante notar que por simplicidad se supone que los medios de producción q_e^j son producidos sin sus respectivos medios de producción, es decir es extractiva y únicamente requiere tiempo de trabajo. De no ser así, tendrían que tomarse en cuenta los medios de producción ocupados por este capitalista (q_e^k) para su función de producción:

$$q_e^j = f_e^j * \frac{\left[b * T_e^j * \left(l_e^j\right)^\gamma + a * q_e^k\right]}{2}$$

También asumiremos que el trabajo necesario de la empresa productora de los medios de producción es igual al valor. Estas simplificaciones nos permiten conocer con facilidad (conforme a lo visto en el capítulo 1) el valor de los medios de producción (q_e^j):

$$v_{mp} = T_e^j * \left(l_e^j\right)^\gamma = q_e^j * \frac{1}{f_e^j}$$

Existen tres maneras de expresar la separación de la producción acorde a la composición de la jornada laboral en trabajo necesario y plustrabajo. La primera es con la simplificación de la función de producción $q_e^i = f_e^i * b * T_e^i * \left(l_e^i\right)^\gamma$, con lo cual se vería como:

$$q_e^i = f_e^i * b * T_e^i * (l_n + l_s) = f_e^i * b * T_e^i * l_n + f_e^i * b * T_e^i * l_s = q_n + q_s$$

Si tomáramos en cuenta los medios de producción se necesitaría la función de producción de los medios de producción para utilizar su respectiva separación del producto j en producto necesario y plusproducto. Además, suponiendo que la jornada laboral y el trabajo necesario son iguales en ambos sectores, la separación en producto necesario y plusproducto se ve de la siguiente manera:

$$q_e^i = f_e^i * \frac{\left[b * T_e^i * l_n + b * T_e^i * l_s + a * f_e^j * T_e^j * l_n + a * f_e^j * T_e^j * l_s\right]}{2}$$

$$\frac{1}{2} * [f_e^i * b * T_e^i * l_n + f_e^i * a * f_e^j * T_e^j * l_n + f_e^i * b * T_e^i * l_s + f_e^i * a * f_e^j * T_e^j * l_s]$$

$$q_e^i = \frac{1}{2} * f_e^i * l_n * \left(b * T_e^i + a * f_e^j * T_e^j\right) + \frac{1}{2} * f_e^i * l_s * \left(b * T_e^i + a * f_e^j * T_e^j\right)$$

$$q_e^i = q_n + q_s$$

No obstante, la mejor manera y la más sencilla de obtener el producto necesario y el plusproducto es multiplicando la producción por el porcentaje que ocupan el trabajo necesario y el plustrabajo de la jornada laboral:

$$q_n = \frac{l_n}{\left(l_e^j\right)^\gamma} * q_e^i \quad , \quad q_s = \frac{l_s}{\left(l_e^j\right)^\gamma} * q_e^i$$

Con la función de producción de los medios de producción podemos expresar la simplificación de la función de producción de i cuando los potenciales productivos son iguales de la siguiente manera : $q_e^i = f_e^i * a * f_e^j * T_e^j * \left(l_e^j\right)^\gamma$.

Sabemos que el valor de toda la producción está compuesto por el valor de los medios de producción v_{mp} (trabajo muerto) y el valor que genera el consumo de la fuerza de trabajo vc_{ft} (trabajo vivo que contiene tanto el valor de la fuerza de trabajo como el plusvalor: $T * l^\gamma$).

$$v_q = vc_{ft} + v_{mp}$$

Para el caso que estamos analizando:

$$v_q^i = (T_e^i) * (l_e^i)^\gamma + (T_e^j) * (l_e^j)^\gamma$$

El tiempo de trabajo necesario para producir cada mercancía de tipo i es el cociente entre el valor total de la producción y la cantidad de mercancías producidas como habíamos visto en el capítulo 1:

$$v_e = \frac{v_q^i}{q_e^i} \frac{tiempo\ total\ de\ trabajo\ vivo + tiempo\ total\ de\ trabajo\ muerto}{producción\ total\ de\ i}$$

Para expresar de manera más sencilla el trabajo necesario utilizaremos la simplificación de la función de producción cuando los potenciales productivos se igualan:

$$q_e^i = f_e^i * b * T_e^i * \left(l_e^i\right)^\gamma = q_e^i = f_e^i * a * f_e^j * T_e^j * \left(l_e^j\right)^\gamma$$

Así podemos ver el trabajo necesario de la siguiente manera:

$$v_e = \frac{(T_e^i) * (l_e^i)^\gamma + T_e^j * \left(l_e^j\right)^\gamma}{q_e^i} = \frac{(T_e^i) * (l_e^i)^\gamma}{f_e^i * b * T_e^i * \left(l_e^i\right)^\gamma} + \frac{T_e^j * \left(l_e^j\right)^\gamma}{f_e^i * a * f_e^j * T_e^j * \left(l_e^j\right)^\gamma}$$

$$v_e = \frac{1}{f_e^i * b} + \frac{1}{f_e^i * a * f_e^j} = \frac{1}{f_e^i} * \left(\frac{1}{b} + \frac{1}{a * f_e^j}\right)$$

Donde las unidades de medida son:

$$horas\ de\ trabajo\ vivo + horas\ de\ trabajo\ muerto\big/_{unidad\ de\ i}$$

$$horas\big/_{unidad\ de\ i}\ ^{46}$$

Con lo cual vemos que el trabajo necesario únicamente depende de la fuerza productiva del trabajo. Además notamos que existe complementariedad entre la fuerza productiva de la empresa productora del bien final y la fuerza productiva de la empresa que produce los

---

[46] Las horas de trabajo vivo y muerto se pueden sumar porque son horas de trabajo abstracto. Sin importar que una hora de trabajo haya sido usada en el pasado o se use en el presente sigue siendo una hora. La fuerza productiva del trabajo hace que una hora produzca más mercancías, pero eso no altera que sea una hora.

medios de producción, esto es la combinación de las fuerzas productivas en la cadena productiva de una mercancía final. Si aumentara la fuerza productiva del trabajo en el sector que produce los medios de producción, disminuyendo el trabajo necesario y valor de los medios de producción, disminuiría el trabajo necesario de las empresas que utilicen dichos medios de producción, y por consiguiente implicaría una caída en el valor de las mercancías de consumo.

Sin hacer esta simplificación es más complicado notar que el trabajo necesario únicamente depende de la fuerza productiva del trabajo. No obstante, debemos recordar que si se la empresa productora del bien final adquiriera más medios de producción sin que cambie su fuerza productiva (la cual incluye la destreza del trabajo y la eficacia de los medios de producción) tendría que emplear más horas de trabajo vivo. Recordemos que produciendo en el máximo la igualdad $a * q_e^j = b * T_e^i * \left(l_e^i\right)^\gamma$ debe cumplirse. Por lo que si el capitalista buscara triplicar su producción sin haber incrementado su fuerza productiva del trabajo, tendría que triplicar la cantidad de trabajadores y la cantidad de medios de producción, con lo cual la composición técnica permanecería incambiada y por consiguiente el trabajo necesario permanecería constante.

El valor (*tiempo de trabajo socialmente necesario*) sigue siendo la media aritmética de los tiempos de trabajo necesarios por empresa.

$$v_i = \frac{1}{E} \sum_{e=1}^{E} v_e^i$$

La ley del valor se mantiene, es decir, lo único que determina el valor individual de las mercancías es la fuerza productiva del trabajo. Esto significa que si la empresa que produce mercancías del tipo i aumenta su fuerza productiva del trabajo logrará disminuir el valor y por consiguiente el precio de la mercancía i. Pero también si la empresa j lograra aumentar su fuerza productiva del trabajo, disminuiría el valor de la mercancía i sin intervención alguna de la empresa que produce mercancías del tipo i.

En el caso anterior la función de producción consideraba dos categorías: tiempo de trabajo vivo y medios de producción. No obstante, si desglosamos estas categorías puede captarse la producción en toda su complejidad, esto es, que se usen diferentes tipos de trabajo vivo, múltiples tipos de materias primas, diferentes instrumentos de trabajo y máquinas. Considerando esta posibilidad la función de producción sería:

$$q_e^i = f_e^i * \left[\frac{\sum_{i=1}^n a_i * X_i}{n}\right] [47]$$

---

[47] La función de producción también puede ser expresada vectorialmente. En ese caso, $\bar{a}$ sería el vector cuyas componentes son las eficacias de los elementos de producción y $\bar{X}$ sería el vector cuyas componentes serían

Donde a_i es la eficacia del elemento de producción X_i que se utiliza. Y la suma de la multiplicación entre eficacia y elemento de producción se divide entre las n componentes que forman el producto total. La fuerza productiva del trabajo que explica la combinación de todos los elementos productivos sigue siendo f_e^i.

El trabajo necesario para producir cada unidad de mercancía sigue siendo, como hemos visto anteriormente, la proporción entre el valor de todas las unidades utilizadas (L_i) y el producto total:

$$v_e^i = \frac{\sum_{i=1}^n L_i}{q_e^i}$$

El valor de cada mercancía multiplicado por la cantidad total de mercancías es el valor total de la producción.

$$v_q^i = v_e^i * q_e^i = (T_e^i) * (l_e^i)^\gamma + (T_e^j) * (l_e^j)^\gamma$$

La plusvalía por mercancía puede verse de la siguiente manera:

$$p_q = \frac{p}{q_e^i} = \frac{m * T_e^i * \left[(l_e^i)^\gamma - l_n\right]}{q_e^i} = \frac{m * T_e^i * l_s}{q_e^i}$$

La separación de la producción de acuerdo a la división de la jornada laboral y su correspondiente expresión en producto necesario o plusvalor nos dice cuántas mercancías producidas equivalen a tiempo de trabajo necesario y cuántas a plustrabajo. Ahora lo que nos interesa es *cuánta plusvalía se encuentra contenida en cada unidad producida*. Por ejemplo, si la plusvalía es de 10 pesos y la producción de 50kg de algodón, cada 5 *kg* de algodón contienen 1 peso de plusvalía:

$$p_q = \frac{10}{50} = \frac{1}{5} \; pesos \; de \; plusvalía \; por \; kg$$

Capital constante y capital variable

Como se vio previamente, el valor de los medios de producción es trabajo pasado que se transfiere al producto. La cantidad y eficacia de estos medios de producción determinan la cantidad de trabajo vivo que se requiere para convertirlos en mercancía. Si hubiera más materia prima, el trabajador tendría que laborar más tiempo, trabajar con mayor intensidad o el capitalista tendría que contratar más trabajadores.

---

los elementos de producción. El producto punto entre ellos ($\bar{a} \cdot \bar{X}$) daría lugar dividido entre los n elementos de producción usados y multiplicados por el escalar f_e^i darían lugar a la producción: $q_e^i = f_e^i * \left[\frac{\bar{a} \cdot \bar{X}}{n}\right]$.

Si la eficacia de los medios de producción incrementara, entonces un solo trabajador podría convertir más materia prima en producto en el mismo tiempo que antes. En ese caso el valor de la mercancía en cuestión disminuiría pero el valor de los medios de producción no, este seguiría siendo transferido al producto de la misma manera que antes.

El trabajo vivo es el que por su desempeño conserva el trabajo pasado y lo transfiere a la mercancía. También agrega valor nuevo por las horas de plustrabajo que realiza. Añade valor al mismo tiempo que conserva valor.

El funcionamiento del trabajo vivo y muerto es una implicación del carácter bifacético del trabajo. Como trabajo útil el trabajo vivo actualiza el trabajo útil muerto, como trabajo abstracto transfiere el valor pasado íntegramente a la mercancía.

El capital total con el que cuenta el capitalista se puede clasificar de acuerdo a la función que tiene en el proceso de producción. De esta manera, el capital se divide en capital constante y capital variable.

$$C = C_C + C_V$$

La parte del capital total que se destina a la compra de medios de producción que no cambian su magnitud de valor durante el proceso de producción es el *capital constante*.

$$C_C = \rho_j * q_e^j$$

Esto es la cantidad de dinero desembolsada para comprar los medios de producción. Incluye la materia prima, instrumentos de trabajo y maquinaria, no obstante por el momento no se considerará esa subdivisión. Aquí lo importante es entender que el valor de los medios de producción, como trabajo muerto, únicamente es transferido directamente al producto.

La parte del capital que se utiliza para comprar fuerza de trabajo amplía su valor durante el proceso de producción es *el capital variable*.

$$C_V = \omega * T$$

Esto es la cantidad total de dinero desembolsada para contratar trabajadores (salarios), es decir para consumir el trabajo vivo que transfiere valor pasado, produce valor y plusvalor.

Habíamos visto que la fórmula general del capital es D-M-D' o D-M-D+ΔD, conociendo lo que es el capital, cómo se divide y cómo funciona, ahora podemos reformularla de la siguiente manera:

$$D - M \left(\frac{FT}{MP} \right) \dots P \dots M' - D'$$

La suma de dinero inicial (D) se convierte en mercancías (fuerza de trabajo (FT) y medios de producción (MP)) que se ponen funcionamiento en la producción (P) y dan lugar a una nueva mercancía con mayor valor (M') con la cual se obtendrá una cantidad mayor de dinero a la inicial (D').

El capital total al final del proceso de producción (D'= C'= C+p), una vez que extrae el plustrabajo, es igual al tiempo de trabajo total empleado en la producción:

$$C' = C_C + C_V + p = \rho_j * q_e^j + \omega * T + p = (T_e^j) * (l_e^j)^\gamma + T_e^i * l_n + T_e^i * l_s$$

Anteriormente vimos que la plusvalía se reparte entre todo el producto. Ahora podemos ver que el valor y plusvalor contenidos en las mercancías también se puede separar de acuerdo a la cantidad de capital que invirtió el capitalista. Por ejemplo, si el capitalista cuenta con un capital inicial de cien pesos, con los cuales compra sesenta unidades de materia prima a un peso y contrata a veinte trabajadores a un salario de dos pesos (igual al valor diario de la fuerza de trabajo y trabajo necesario) tenemos:

$$C = 100 \ pesos, \ C_c = 60 * 1 = 60, C_v = 20 * 2 = 40$$

Con las 60 unidades de materia prima y su respectiva eficacia de 4, los 20 obreros que trabajan una jornada laboral de 8 horas con destreza de 1.5 y una fuerza productiva de 2.5 el capitalista obtiene una producción de:

$$q_e^i = 2.5 * \frac{[1.5 * 20 * 8 + 4 * 60]}{2} = 600 \ unidades$$

Cuya separación en producto necesario y plustrabajo es:

$$q_e^i = q_n + q_s = 150 + 450 \ unidades$$

Esta separación también puede obtenerse de acuerdo al porcentaje que representa el plustrabajo de la jornada laboral:

$$q_s = \frac{l_s}{(l_e^j)^\gamma} * q_e^i = \frac{6}{8} * 600 = 450 \ unidades$$

$$q_n = \frac{l_n}{(l_e^j)^\gamma} * q_e^i = \frac{2}{8} * 600 = 150 \ unidades$$

El capital constante representa 60% del capital adelantado, el capital variable 40%. Supongamos que $m = 1$ entonces cada hora vale 1 peso (valor igual al precio mercantil) y que cada trabajador labora 8 horas con una intensidad del trabajo del 100% con 2 horas como trabajo necesario ($\omega = 2 = l_n$) por lo que el plustrabajo es de 6 horas ($l - l_n = 8 - 2 = 6$).

$$Trabajo\ vivo\ total = 160\ horas,\ \ l_n = 40\ \ y\ \ l_s = 120$$

$$p = 1 * (160 - 40) = 120 = l_s$$

$$Trabajo\ muerto\ total = 60\ horas$$

$$v_q = Trabajo\ vivo + Trabajo\ muerto = 160 + 60 = 220\ horas$$

$$v_i = \frac{220}{600} = 0.3666\ horas\ por\ unidad$$

$$\rho_i = 0.3666\ pesos\ por\ unidad$$

$$p_q = \frac{p}{q} = \frac{120}{600} = 0.2\ pesos\ por\ unidad$$

También podemos ver cómo se distribuye el capital en dinero al final del proceso entre la producción de la siguiente manera:

$$\frac{C'}{q_e^i} = \frac{C_C + C_v + p}{q_e^i} = \frac{\rho_j * q_e^j}{q_e^i} + \frac{\omega * T}{q_e^i} + \frac{p}{q_e^i} = \frac{\rho_j * q_e^j}{q_e^i} + \frac{l_n * T}{q_e^i} + \frac{l_s * T}{q_e^i} = v_i$$

En el ejemplo:

$$\frac{C'}{q_e^i} = \frac{60 + 40 + 120}{600} = 0.1 + 0.0666 + 0.2 = 0.3666 = v_i$$

También podemos ver la proporción entre cada componente del capital y el valor total que se consigue una vez habiendo extraído el plusvalor:

$$\frac{C_C}{C'} = \frac{60}{220} = 27.27\%$$

$$\frac{C_v}{C'} = \frac{40}{220} = 18.18\%$$

$$\frac{p}{C'} = \frac{160}{220} = 54.54\%$$

Estos porcentajes de valor también son la manera en que se expresan en cada mercancía:

$$\frac{\left(\frac{C_C}{q_e^i}\right)}{v_i} = \frac{\left(\frac{60}{600}\right)}{0.3666} = 27.27\%$$

$$\frac{\left(\frac{C_v}{q_e^i}\right)}{v_i} = \frac{\left(\frac{40}{600}\right)}{0.3666} = 18.18\%$$

$$\frac{\left(\frac{p}{q_e^i}\right)}{v_i} = \frac{\left(\frac{120}{600}\right)}{0.3666} = 54.54\%$$

Esto se debe a que, como vimos anteriormente, el capital total en dinero al final del periodo es igual al tiempo de trabajo total empleado en la producción:

$$\frac{q_e^i}{q_e^i} * \frac{\left(\frac{C_C}{q_e^i}\right)}{v_i} = \frac{C_C}{q_e^i * v_i} = \frac{C_C}{(T_e^j) * (l_e^j)^\gamma + T_e^i * l_n + T_e^i * l_s} = \frac{C_C}{C'}$$

$$\frac{q_e^i}{q_e^i} * \frac{\left(\frac{C_v}{q_e^i}\right)}{v_i} = \frac{C_v}{q_e^i * v_i} = \frac{C_v}{(T_e^j) * (l_e^j)^\gamma + T_e^i * l_n + T_e^i * l_s} = \frac{C_v}{C'}$$

$$\frac{q_e^i}{q_e^i} * \frac{\left(\frac{p}{q_e^i}\right)}{v_i} = \frac{p}{q_e^i * v_i} = \frac{p}{(T_e^j) * (l_e^j)^\gamma + T_e^i * l_n + T_e^i * l_s} = \frac{p}{C'}$$

De esta manera podemos ver el capitalista necesitaría vender aproximadamente 164 unidades para reponer el capital constante y requiere vender aproximadamente 109 unidades para reponer el capital variable. Esto significa que si el capitalista vende 273 unidades repondrá su capital de 100 pesos y que a partir de la mercancía 274 vendida estará apropiándose del plustrabajo desempeñado por los trabajadores que contrató.

Tasa de explotación y tasa de plusvalor

El capital inicial se incrementa por el funcionamiento del capital variable, por lo que si en un momento se tenía:

$$C = C_C + C_V$$

Después se tendrá:

$$C = C_C + C_V + \Delta C_v = C_C + C_V + p$$

El incremento de valor que genera el capital variable, que no es más que la plusvalía ($\Delta C_v = p$) producida por los trabajadores nos da la medida exacta de cuánto fue la variación en la magnitud de valor. Esta medida es la tasa de plusvalor:

$$\sigma_p = \frac{p}{c_v}{}^{48}$$

El capital variable es la expresión dineraria del valor total de la fuerza de trabajo contratada. La plusvalía es la expresión dineraria del plustrabajo total desempeñado por los trabajadores. De modo que si sustituimos el plustrabajo en lugar de la plusvalía y sustituimos al capital variable por el salario que es el trabajo necesario, la tasa de plusvalor se convierte en la proporción entre plustrabajo y trabajo necesario. Esto es la tasa de explotación:

$$\sigma_e = \frac{l_s}{l_n}$$

La tasa de plusvalor es igual a la tasa de explotación si y sólo si el salario corresponde al trabajo necesario, que es el valor de la fuerza de trabajo.

$$\sigma_p = \frac{p}{c_v} = \frac{l_s}{l_n} = \sigma_e \Leftrightarrow \omega = l_n = vd_{ft}$$

Si el salario fuera menor al tiempo de trabajo necesario la tasa de plusvalor sería mayor porque el denominador sería el dinero que representa la menor cantidad de horas con las que es retribuido el trabajador.

Otra manera de ver la tasa de explotación es:

$$\sigma_e = \frac{l^\gamma - l_n}{l_n}$$

Así queda claro que el trabajo vivo que incorpora cada trabajador, la jornada laboral que desempeña, se puede ver como:

$$l^\gamma = l_n * (\sigma + 1)$$

La proporción entre el plusproducto y el producto necesario también reflejan la tasa de explotación. Usando la simplificación de la función de producción tenemos:

$$\frac{q_s}{q_n} = \frac{f_e^i * b * T_e^i * l_s}{f_e^i * b * T_e^i * l_n} = \left(\frac{l_s}{l_n}\right) = \sigma_e$$

Sin simplificar la función de producción la tasa de explotación se ve de la siguiente manera:

---

[48] Podría pensarse que la tasa de plusvalor no es p/c_v sino $\frac{p}{c_v+c_c}$, sin embargo esta medida expresaría la proporción entre el valor nuevo y el capital total adelantado y no la proporción entre el valor nuevo y la fuente del valor que lo generó. En realidad $\frac{p}{c_v+c_c}$ es la *tasa de ganancia* porque es lo que obtiene el capitalista por la transformación de su dinero en capital.

$$\frac{q_s}{q_n} = \frac{\frac{1}{2} * f_e^{i} * l_s * \left(b * T_e^{i} + a * f_e^{j} * T_e^{j}\right)}{\frac{1}{2} * f_e^{i} * l_n * \left(b * T_e^{i} + a * f_e^{j} * T_e^{j}\right)} = \left(\frac{l_s}{l_n}\right) = \sigma_e$$

Y utilizando la expresión más clara del producto necesario y plusproducto también vemos nítidamente que la razón entre plusproducto y producto necesario es la tasa de explotación:

$$\frac{q_s}{q_n} = \frac{\frac{l_s}{\left(l_e^{j}\right)^{\gamma}} * q_e^{i}}{\frac{l_n}{\left(l_e^{j}\right)^{\gamma}} * q_e^{i}} = \left(\frac{l_s}{l_n}\right) = \sigma_e$$

La *tasa de plusvalor general o promedio* correspondiente a un ramo de producción es la media de las tasas de plusvalor de los capitalistas individuales.

$$\overline{\sigma_p} = \frac{1}{E} \sum_{e=1}^{E} \sigma_e = \frac{1}{E} \sum_{e=1}^{E} \frac{p_e}{C_{ve}}$$

Si consideráramos a todos los capitalistas como uno solo, la tasa de plusvalor promedio podría obtenerse como:

$$\overline{\sigma_p} = \frac{\sum p}{\sum C_v}$$

Tasa y masa del plusvalor

La plusvalía total producida depende de la cantidad de *plustrabajo total*, el cual es la multiplicación de los trabajadores contratados por la tasa de explotación y por el valor de la fuerza de trabajo de los trabajadores contratados.

$$P_e = vd_{ft} * \sigma_e * T_e^{i}$$

Por la definición de la tasa de explotación:

$$P_e = vd_{ft} * \frac{l_s}{l_n} * T_e^{i}$$

Si el valor de la fuerza de trabajo de los trabajadores contratados fuera igual al trabajo necesario entonces se cancelarían y se ve claramente que el plustrabajo total es:

$$P_e = l_s * T_e^{i}$$

Sin embargo, si el valor de la fuerza de trabajo de los trabajadores contratados fuera mayor a la normal $(vd_{ft} = \lambda * l_n, \lambda > 0)$ cada uno proporcionaría más plustrabajo que el promedio:

$$P_e = (\lambda * l_n) * \frac{l_s}{l_n} * T_e^i = \lambda * l_s * T_e^i \;^{49}$$

El plusvalor total es la cantidad total de plusvalía que recibe el capitalista de explotar a todos los trabajadores:

$$P_p = \sigma_p * C_v$$

Como la masa del plusvalor tiene dos componentes: el capital variable y la tasa de plusvalor, el capitalista puede obtener una plusvalía total con una combinación de ambos factores. Por ejemplo para obtener un plusvalor total de 100 pesos, puede ocupar un capital variable de 50 y una tasa de plusvalor de 2 o puede utilizar un capital variable de 10 y una tasa de plusvalor de 10, las combinaciones son múltiples.

Por esta razón puede sustituir capital variable por tasa de plusvalor o viceversa. O en caso de alteraciones fuera de control del capitalista, como variaciones del valor de la fuerza de trabajo, cambios en la jornada laboral, etc. puede compensar el decremento de alguno de los factores por el incremento de otro.

El cambio total en la masa de plusvalor es la diferencial total de la función.

$$dP = \frac{\partial P}{\partial C_v} dC_v + \frac{\partial P}{\partial \sigma_p} d\sigma_p$$

Si el capitalista sustituye tasa de plusvalor por capital variable o viceversa, pero manteniendo constate el plusvalor total, debe cumplirse que el cambio en el capital variable sea igual al negativo del cambio respecto a la tasa de plusvalor o viceversa:

$$0 = \frac{\partial P}{\partial C_v} dC_v + \frac{\partial P}{\partial \sigma_p} d\sigma_p \Rightarrow \frac{dC_v}{d\sigma_p} = -\frac{\partial P}{\partial \sigma_p} \Big/ \frac{\partial P}{\partial C_v}$$

---

[49] Como habíamos visto, en cualquier economía mercantil el trabajo abstracto puede ser simple o complejo. En el capitalismo esta diferencia se muestra en el valor de la fuerza de trabajo. Si un obrero tiene estudios, su formación constituyó tiempo de trabajo de enseñanza, por lo cual su valor será mayor y valdrá una proporción mayor que los trabajadores no entrenados, razón por la cual generará más plustrabajo y por ende más plusvalía. Otra razón por la que el capitalista podría obtener una mayor masa de plusvalía es porque le paga a los trabajadores un salario por debajo del valor de la fuerza de trabajo. No obstante ambos casos habrían de analizarse en otro trabajo, el cual Marx pretendía fuera el libro sobre el *Trabajo asalariado* (al cual en ocasiones hizo referencia como teoría especial de los salarios).

Haciendo los cálculos:

$$\frac{d\sigma_p}{dC_v} = -\frac{\sigma_p}{C_v}$$

En todos los puntos de la curva de nivel, la masa de plusvalor es igual. En el contorno superior de la curva se encontrarán puntos que requerirían un mayor capital variable o una mayor tasa de plusvalor. Si el capitalista tuviera una mayor cantidad de dinero podría contratar a una mayor cantidad de trabajadores, y si el capitalista pudiera emplear a sus trabajadores con una mayor jornada laboral o con una mayor intensidad del trabajo podría obtener un plusvalor total mayor. Gráficamente habría una curva de nivel mayor a la anterior.

Si el capitalista opta por disminuir la cantidad de trabajadores que contrata disminuirá el capital variable, por lo que tendría una suma de dinero disponible para utilizar en otra cosa. Pero al disminuir la cantidad de obreros trabajando solo puede mantener la masa de plusvalor constante si incrementa la tasa de explotación, por lo que tiene que encontrar la manera de hacerlo. Una manera es obligándolos a laborar más, otra es hacerlos trabajar al ritmo de las máquinas para incrementar la intensidad de trabajo del obrero. En cualquiera de los casos el capitalista requiere dirigir el dinero sobrante para comprar más materias primas, por lo cual el capital constante aumentaría[50].

La suma de todos los capitales existentes en un país es equivalente a considerarlos como uno solo. A esto se le conoce como Producto Nacional Bruto (PNB) o Producto Interno Bruto (PIB) y constituye la cantidad total de dinero que tiene a su disposición cada país para transformarlo en más dinero[51]. Esta suma global de dinero es la variable económica a la que se le presta mayor atención porque se considera como la "riqueza" de ese país y como tal una medida de su "poder" respecto a otros países[52].

---

[50] La sustitución entre cantidad de trabajadores contratados por una mayor tasa de explotación es fundamentalmente distinta a la sustitución que expresa la teoría económica convencional tanto teórica como metodológicamente. La teoría convencional considera la sustitución entre "trabajo" y "capital" como una decisión basada en preferencias técnicas (diferentes combinaciones de "trabajo" y "capital" dan la misma cantidad de producto), sin embargo esto es la expresión del fenómeno en la superficie. Por otro lado, al mantenerse constante el plusvalor total, el capitalista no observa cambios en sus ganancias, por esta razón la teoría convencional le atribuye al "capital" una "productividad" propia. Para ellos, todos los "factores de producción son productivos" y por consiguiente participan en rendir ganancia. Confunden la eficacia con la eficiencia, por lo que a cuestiones técnicas de producción les atribuye propiedades de creación de valor. Es importante resaltar que este proceso de sustitución de capital variable por capital constante forma parte de la dinámica del modo de producción capitalista que se analizará en la teoría de la acumulación.

[51] El capital es el proceso D-M (FT, MP)- P......**M'**- D', cada fase del proceso es su manifestación material ya sea en dinero o mercancías y como el PIB mide el importe total de los bienes y servicios de un país (**M'**) (excluyendo los bienes intermedios) también mide la mayor cantidad de dinero (D') en el que se convertirán. Algunas instituciones incluyen al PIB otros factores, principalmente los financieros, sin embargo estos no son tomados en cuenta aquí.

[52] En una formación social cuyo modo de producción tiene como objetivo último la obtención de cada vez más dinero, la cantidad de dinero con la que se cuenta es primordial. Esta cantidad de dinero se vuelve la

Las variaciones en los capitales individuales pueden verse como la variación del capital social global. La tasa de crecimiento o decrecimiento del capital de un país[53] es la variación a la que se le presta más atención porque con ello se observa cuánto valor nuevo está produciendo y con ello su tendencia a tener más dinero, con lo que podría convertirse en un país más "poderoso".

Si consideramos a todos los capitales como un solo y suponemos la tasa de explotación y el valor de la fuerza de trabajo como dada, entonces la única manera de que ese país sea más "rico" es incrementando la cantidad de trabajadores explotados[54].

Plusvalor absoluto y plusvalor relativo

Sabemos que el trabajador agrega valor durante su tiempo de plustrabajo, el cual se materializa en el plusproducto. El capitalista como propietario de las mercancías vende en el mercado y con ello recibe la plusvalía. Ahora la pregunta es ¿el capitalista puede aumentar la cantidad de plusvalía que se apropia?

Sabemos que la plusvalía se define como:

$$p = m * (l^\gamma - l_n)$$

Recordemos que el trabajador labora durante toda una jornada y la diferencia entre las horas totales que trabaja y el tiempo de trabajo que requiere para cubrir sus necesidades es la definición del plustrabajo. Este plustrabajo, lapso de trabajo por encima del necesario, es el núcleo de la plusvalía porque sólo debe multiplicarse por la expresión monetaria del tiempo de trabajo para obtenerla. Por esta razón, *la única manera en que el capitalista puede incrementar la plusvalía es incrementando el plustrabajo.*

Para incrementar el plustrabajo el capitalista tiene dos opciones: 1) incrementar la jornada laboral en términos de su extensión o 2) disminuir el trabajo necesario o incrementar la intensidad del trabajo. El primer método para acrecentar el plustrabajo es el *plusvalor absoluto*, el segundo es el *plusvalor relativo*.

---

medida de su "progreso", de su buen funcionamiento. El que la cantidad global de capital de un país sea muy grande no necesariamente implica que las necesidades de su población se encuentren satisfechas o que la población viva bien.

[53] El crecimiento del capital de un país, al igual que el de un capital, se debe al plustrabajo que desempeñan los trabajadores activos de la población en ese país. El decrecimiento del capital no significa que los trabajadores no hayan desempeñado plustrabajo, pero con el conocimiento adquirido hasta aquí no se puede comprender tal fenómeno. Solo después de analizar la acumulación de capital, el capital financiero, el capital ficticio y el ciclo de negocios podrá entenderse. No obstante, este tema excede el objetivo de esta obra y no se tratará.

[54] Países como la India, China, Brasil u otros países con mucha población sustituyen las bajas tasas de explotación ocasionadas por menor tecnología en su aparato productivo por la cantidad de trabajadores que son contratados. Contratar tantos trabajadores no afecta las ganancias porque al haber tantos obreros disponibles los salarios son muy bajos.

Incrementar la jornada laboral en su extensión significa que el plustrabajo aumenta en términos absolutos, de ahí su nombre, plusvalor absoluto:

$$\frac{\partial p}{\partial l} = m > 0$$

Sabemos que el capitalista busca alargar la jornada laboral lo más que pueda, no obstante enfrenta límites. En primer lugar no puede extenderla más allá de 24 horas que es la duración natural de un día. Este límite es solo natural, mas no es el único, también enfrenta límites físicos de la fuerza de trabajo, ya que los trabajadores deben dormir, comer, asearse y llevar a cabo todas las actividades necesarias para su reproducción como seres vivos. E igualmente enfrenta límites morales porque los trabajadores también requieren tiempo para realizar actividades espirituales y sociales.

Por otro lado, la jornada laboral enfrenta un límite mínimo. El tiempo de trabajo de cada trabajador no puede ser menor o igual al trabajo necesario porque de ser así el plustrabajo sería cero y con ello el capitalista no conseguiría apropiarse de valor nuevo. Por lo cual, la jornada laboral, *sin* considerar la intensidad del trabajo, se encuentra acotada de la siguiente manera:

$$l_n < l \leq 24$$

El segundo método para incrementar la plusvalía no busca acercarse al límite máximo de la jornada laboral, sino que este método consiste en disminuir el trabajo necesario para disminuir el límite mínimo de la jornada laboral, con lo cual logra apropiarse más plustrabajo.

Si disminuye el valor de la fuerza de trabajo con el incremento de la fuerza de trabajo en las empresas que producen las mercancías consumidas por los trabajadores, se disminuirá directamente el valor de cada trabajador:

$$\frac{\partial p}{\partial l_n} = -m < 0$$

Al disminuir el trabajo necesario o valor de la fuerza de trabajo aumenta la plusvalía y viceversa.

Sin embargo, para conseguir que disminuya el valor de la fuerza de trabajo se necesita aumentar la fuerza productiva del trabajo en la mayoría, en todas las industrias, o en las industrias más representativas que producen alguna mercancía que forma parte de la canasta de necesidades de los trabajadores.

Los capitalistas individuales dedicados a producir bienes que entran en la canasta de consumo de los trabajadores son los que directamente pueden disminuir el valor de la fuerza de trabajo al incrementar su fuerza productiva del trabajo. No obstante, la disminución del valor de la fuerza de trabajo también se puede conseguir de manera indirecta. El valor de una mercancía lo constituye el tiempo de trabajo vivo de los trabajadores contratados en ese momento pero también el trabajo muerto incorporado a los medios de producción, por esta razón si lo capitalistas que producen medios de producción incrementan su fuerza productiva del trabajo indirectamente estarán disminuyendo el valor de la fuerza de trabajo.

En tanto se aumente la fuerza productiva del trabajo en empresas que produzcan medios de producción o bienes de consumo de los trabajadores, es decir indirecta o directamente, en un periodo corto o largo de tiempo el valor de la fuerza de trabajo disminuirá y con ello incrementará la *tasa de explotación promedio y por ende también la tasa de plusvalor promedio.*

El método de incrementar la plusvalía por medio de la disminución del tiempo de trabajo necesario forma parte de la dinámica misma del capitalismo. Ni los capitalistas que producen bienes de consumo ni los capitalistas productores de medios de producción buscan conscientemente disminuir el valor de la fuerza de trabajo, sin embargo sí buscan el incremento de la fuerza productiva del trabajo que emplean, con lo cual abaten el valor de la fuerza de trabajo. Pero ¿qué es lo que impulsa a los capitalistas a incrementar su fuerza productiva del trabajo? Si un capitalista logra producir más mercancías que sus competidores con el mismo tiempo de trabajo que los otros capitalistas, gracias a una mejora en su fuerza productiva del trabajo, el plusvalor que obtendrá será mayor. Para que quede claro veamos cómo opera esta dinámica por medio de dos ejemplos.

(1) Un capitalista produce trigo (z) con la siguiente función de producción:

$$z_1 = f_e^i * \frac{\left[b * T_e^i * \left(l_e^i\right)^\gamma + a * q_e^j\right]}{2} = 1.2 * \frac{[1.5 * 10 * 8 + 1.2 * 100]}{2}$$

$$= 144 \ toneladas \ de \ trigo$$

Si el valor de las 100 unidades de medios de producción es de 784 horas y asumimos que el trabajo necesario de este productor es el promedio tenemos que el valor de cada tonelada es:

$$v_z = \frac{80 + 784}{144} = 6 \ horas \ por \ tonelada$$

Si su fuerza productiva del trabajo incrementa a 3.6, ahora producirá:

$$z_2 = 3.6 * \frac{[1.5 * 10 * 8 + 1.2 * 100]}{2} = 432 \ toneladas \ de \ trigo$$

Ahora el trabajo necesario de este productor para cada tonelada es:

$$v_z = \frac{80 + 784}{432} = 2 \; horas \; por \; tonelada$$

Pero el valor de cada tonelada de trigo no está determinado por este productor, sino que está determinada por todos los productores de trigo. Si suponemos que el incremento en la fuerza productiva del trabajo no altera el valor de cada tonelada de trigo porque la competencia es muy amplia (como vimos en el capítulo 1), y además que el precio es igual al valor y también que la demanda por trigo aumentara en la misma proporción en que incrementa la oferta total de trigo en el mercado, el capitalista emprendedor podría vender todas las toneladas que produjo a 6 pesos pero con un costo para él de 2 pesos. Esto significa que obtendría un *plusvalor extraordinario* de 4 pesos por cada tonelada producida (1,728 pesos en total). Si la demanda no incrementara en la misma proporción que el producto entonces el agricultor emprendedor tendría que vender a un valor (precio mercantil) menor al social pero por encima del que él produjo, digamos que vende a 4 pesos obteniendo un plusvalor extraordinario de 2 pesos por tonelada y 864 pesos en total. El incremento de la fuerza productiva del trabajo hace que las horas de trabajo funcionen como horas potenciadas respecto a las sociales por lo que les puede rendir un beneficio mayor que el promedio.

El capitalista que mejoró la fuerza productiva del trabajo en su empresa impone un nuevo estándar de producción con lo que genera *plusvalor extraordinario* (como se puede ver en la Figura 10) y con ello obliga a sus competidores a dirigirse a ese nivel de fuerza productiva o a uno mayor para mantenerse al mismo ritmo. Esto se debe a que los consumidores optarán por las mercancías más baratas. Si hay más mercancías en el mercado de las que se necesitan, las mercancías de los capitalistas que producen con la fuerza productiva menor no se venderán y no podrán obtener muchas ganancias o ni siquiera podrán cubrir su capital invertido.

Figura 10. Plusvalor extraordinario

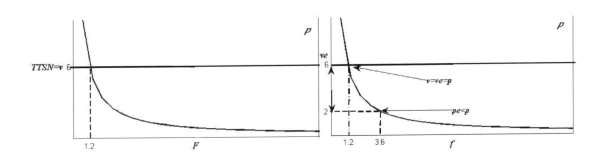

Aquí se puede observar cómo el incremento de la fuerza productiva del trabajo de 1.2 a 3.6 disminuye el valor de la mercancía a 2 horas y con ello puede obtener un plusvalor extraordinario entre 0 y 4 pesos por mercancía (marcado con la doble flecha) que es el intervalo donde puede establecer el precio.

Suponiendo que el trigo es la única mercancía que determina el valor de la fuerza de trabajo, el incremento en la fuerza productiva del trabajo del productor de trigo aumenta directamente la tasa de explotación y por ende también la tasa de plusvalor. Como el plustrabajo en el primer momento era de 2 horas y el trabajo necesario era de 6 horas, la tasa de explotación promedio era:

$$\sigma_e = \frac{2}{6} = 0.3333 = 33.33\%$$

Con el cambio en la fuerza productiva del trabajo, y asumiendo que posteriormente todas las empresas igualan la fuerza productiva del trabajo de 3.6 el trabajo necesario se ve reducido a 2 horas, por lo que el plustrabajo aumenta a 6 horas y la nueva tasa de explotación promedio es:

$$\sigma_e = \frac{6}{2} = 3 = 300\%$$

(2) Ahora veamos cómo los capitalistas que producen medios de producción, al disminuir el valor de sus productos, contribuyen a disminuir el valor de la fuerza de trabajo y con ello aumenta la tasa de explotación.

Un capitalista produce con la siguiente función de producción:

$$q_e^j = f_e^j * T_e^j * \left(l_e^j\right)^\gamma = 1.6 * 25 * 8 = 320$$

Por lo que el valor de cada medio de producción j es:

$$v_j = \frac{1}{1.6} = 0.625$$

Ahora la fuerza productiva aumenta:

$$q_e^j = f_e^{j\prime} * T_e^j * \left(l_e^j\right)^\gamma = 2 * 25 * 8 = 400$$

Y el valor de cada medio de producción disminuye a:

$$v_j = \frac{1}{2} = 0.5$$

El capitalista que produce la mercancía que consumen los trabajadores tiene la función de producción siguiente:

$$q_e^i = f_e^i * \frac{\left[b * T_e^i * \left(l_e^i\right)^{\gamma} + a * q_e^j\right]}{2} = 2.5 * \frac{[1.8 * 10 * 8 + 0.45 * 320]}{2} = 360$$

Y este capitalista cuenta con la fuerza productiva del trabajo promedio, por lo que el valor de cada mercancía i antes de que el otro capitalista incrementara su fuerza productiva del trabajo era:

$$v_i = \frac{80 + 200}{360} = 0.7777$$

Después del incremento en la fuerza productiva del trabajo de la empresa productora de medios de producción, el valor de cada mercancía i será:

$$v_i = \frac{80 + 160}{360} = 0.6666$$

Como la jornada laboral es de 8 horas y el tiempo de trabajo necesario constituía 0.7777 horas, la tasa de explotación era en un inicio:

$$\sigma_e = \frac{l_s}{l_n} = \frac{8 - 0.7777}{0.7777} = 9.2867 = 928.67\%$$

Y cambia en el segundo momento a:

$$\sigma_e = \frac{l_s}{l_n} = \frac{8 - 0.6666}{0.6666} = 11.0012 = 1,100.12\%$$

Como separamos a la economía en solo dos sectores con la misma extensión de jornada laboral, ese incremento representa directamente el aumento en la tasa general de plusvalor.

Como la mercancía i es el único bien de consumo de los trabajadores, el incremento en la fuerza productiva del trabajo del capitalista que provee medios de producción disminuye el valor de la fuerza de trabajo sin premeditación alguna. En el caso en que hubiera una larga cadena de intermediación entre el productor de los medios de producción y el productor de bienes de consumo, la disminución en el valor de la fuerza de trabajo sería más tardada, pero aun así se llevaría a cabo. Al disminuir el tiempo de trabajo necesario aumenta la tasa de explotación y por consiguiente el plusvalor.

El incremento de la fuerza productiva del trabajo es una búsqueda individual incesante por parte de todos los capitalistas para obtener un plusvalor mayor que sus competidores y para captar mayor parte del mercado.

Es posible que uno de los competidores consiga eliminar a una parte de su competencia y se convierta en el empresario más importante de su ramo o que la competencia se reduzca a un número pequeño de empresas en ese ramo industrial. En este caso la ley del valor se sigue cumpliendo, lo que sucede es que la fuerza productiva del trabajo del empresario líder determinará en mayor medida el valor de la mercancía y en el caso del oligopolio el valor de la mercancía en cuestión se verá más influido por cambios en las fuerzas productivas del trabajo de las empresas.

Conforme el modo de producción capitalista se desarrolla, más avanza la fuerza productiva del trabajo y poco a poco se consolida el método del plusvalor relativo como el primordial[55] y puede dejarse de lado el plusvalor absoluto (prolongación de la jornada de trabajo). De hecho, así sucedió históricamente. Una vez que los avances tecnológicos habían sido grandes la clase capitalista aceptó que la jornada laboral disminuyera[56].

Otra manera en que puede disminuir el trabajo necesario es incrementando la intensidad del trabajo. Esta es la segunda opción para incrementar la plusvalía en términos *relativos*. Se llama relativo porque al incrementar la intensidad aumenta tanto el trabajo necesario como el plustrabajo, sin embargo el plustrabajo incrementa más que el trabajo necesario. El plustrabajo crece en relación al trabajo necesario de acuerdo a la proporción en que se encontraban respecto a la jornada laboral en el periodo inmediato previo.

Si en un periodo la intensidad era unitaria, la jornada laboral sería:

$$l = l_n + l_s$$

Pero si la intensidad aumentara a $\gamma > 1$, la jornada laboral sería:

$$l^\gamma = (l_n + l_s)^\gamma$$

Con lo cual surge la pregunta ¿cómo determinar el trabajo necesario y el plustrabajo para con ello determinar cuánto sería la plusvalía? No importa que la intensidad sea un número entero o racional porque no se necesita expandir el binomio para conocer las magnitudes del trabajo necesario y de plustrabajo. El trabajo necesario y el plustrabajo del periodo (ln_t y ls_t) serán la suma de su respectiva extensión del periodo previo elevado a la nueva

---

[55] El curso histórico de nuestra formación social como sociedad tecnológica lo demuestra. Primero con la famosa *Revolución Industrial*, posteriormente con el *Fordismo* y el *Taylorismo* (debemos recordar que el concepto fuerza productiva del trabajo no nada más se refiere al avance de la ciencia y sus aplicaciones tecnológicas como las máquinas sino también se refiere a la coordinación del proceso de producción) y progresos más contemporáneos sucedidos con la electrónica y la informática. A cada paso del modo de producción capitalista encontramos avances en la fuerza productiva del trabajo. También en términos de la escala y eficacia de los medios de producción como lo demuestra el uso de nuevas fuentes de energía y materiales para producir.

[56] En el siglo XIX en Inglaterra los trabajadores presionaron por la disminución de la jornada laboral legal ante el gobierno. La clase capitalista aceptó la disminución primero de 12 a 10 horas y posteriormente de 10 a 8 horas en primer lugar porque ya había disminuido el valor de la fuerza de trabajo lo suficiente y en segundo lugar porque al disminuir la cantidad de horas de trabajo puede incrementar su intensidad.

intensidad y el porcentaje que representaban previamente de la jornada laboral multiplicada por los términos intermedios de la expansión binomial. Por ejemplo:

Si en un inicio $l = l_n + l_s = 8 = 3 + 5$ y la intensidad incrementa a 2, la jornada laboral sería $l^\gamma = (l_n + l_s)^\gamma = 8^2 = (3 + 5)^2 = 64$.

$$ln_t = ln_{t-1}^2 + \left(\frac{ln_{t-1}}{l_{t-1}}\right) * (2 * ln_{t-1} * ls_{t-1})$$

$$= 3^2 + \left(\frac{3}{8}\right) * (2 * 3 * 5) = 9 + 11.25 = 20.25 \; horas$$

$$ls_t = ls_{t-1}^2 + \left(\frac{ls_{t-1}}{l_{t-1}}\right) * (2 * ln_{t-1} * ls_{t-1})$$

$$= 5^2 + \left(\frac{5}{8}\right) * (2 * 3 * 5) = 25 + 18.75 = 43.75 \; horas$$

Aun cuando el trabajo necesario incrementa, el incremento en el plustrabajo es mayor, por lo que proporción entre ellos (y de explotación) aumenta:

$$\left(\frac{l_s}{l_n}\right)' = \frac{43.75}{20.25} = 216.04\% \quad > \quad \frac{l_s}{l_n} = \frac{5}{3} = 166.66\%$$

Un incremento de la intensidad a un número racional, no altera el procedimiento para encontrar el trabajo necesario y plustrabajo. Asumiendo la jornada laboral inicial e incrementada la intensidad a 1.1 tenemos:

$$l^\gamma = (l_n + l_s)^\gamma = 8^{1.1} = (3 + 5)^{1.1} = 9.8491$$

$$ln_t = ln_{t-1}^{1.1} + \left(\frac{l_{nt-1}}{l_{t-1}}\right) * \left(l_{t-1}^\gamma - ln_{t-1}^\gamma - ls_{t-1}^\gamma\right)$$

$$= 3^{1.1} + \left(\frac{3}{8}\right) * 0.7178 = 3.3483 + 0.2691 = 3.6174 \; horas$$

$$ls_t = ls_{t-1}^{1.1} + \left(\frac{ls_{t-1}}{l}\right) * \left(l_{t-1}^\gamma - ln_{t-1}^\gamma - ls_{t-1}^\gamma\right)$$

$$= 5^{1.1} + \left(\frac{5}{8}\right) * 0.7178 = 5.7830 + 0.4486 = 6.2316 \; horas$$

$$\left(\frac{l_s}{l_n}\right)' = \frac{6.2316}{3.6174} = 172.26\% \quad > \quad \frac{l_s}{l_n} = \frac{5}{3} = 166.66\%$$

Como vemos, cualquier incremento en la intensidad del trabajo aumentan la plusvalía, sin embargo *la tasa de explotación únicamente puede incrementarse cuando el plustrabajo es mayor al trabajo necesario en el periodo inmediato anterior. Por esta razón fue indispensable para la clase capitalista primero aumentar la fuerza productiva del trabajo y así disminuir el trabajo necesario.*

Cooperación

El desarrollo del modo de producción capitalista va transformando paulatinamente el modo de producción previo y con ello se consolida como el más importante (dominante) en una formación social. El capitalismo comienza con el empleo de una gran cantidad de trabajadores en un solo centro de trabajo y se constituye a su vez como capitalismo gracias a ello. El capitalismo comienza sobre las bases de la manera de producir previa con relaciones sociales nacientes en su seno. En un principio cada capitalista necesitaba contratar una gran cantidad de trabajadores libres que requerían (como ahora) vender su fuerza de trabajo para subsanar la baja fuerza productiva del trabajo. El empleo de muchos trabajadores en un mismo espacio en un mismo momento permitía ampliar la producción sin necesidad de una gran destreza laboral o una amplia coordinación en el centro de trabajo, con lo cual seguía haciendo funcionar su dinero como capital y con la ampliación cuantitativa de la producción ampliaba también la capacidad de contratar más trabajadores y ampliar el proceso de producción en general.

La cooperación brinda a la producción una fuerza especial que da lugar a una producción más que proporcional al empleo de una cantidad de trabajadores, por ello no consiste en la mera aglomeración de trabajadores, sino en la potenciación entre ellos para dar lugar a una producción mayor. Además la cooperación fue un paso primordial en la homogeneización de la destreza laboral y de la intensidad del trabajo, previo a la introducción de la maquinaria, además también permitió un ahorro social de medios de producción previo a la aplicación de la ciencia para incrementar la eficacia de los medios de producción. Cada capitalista, al comandar más trabajadores ($T_e^i{}'$) requiere más medios de producción ($q_e^j{}'$) que transformar y también un centro de trabajo más amplio donde laborar, lo cual significa gastar más en salarios, materias primas, etc. Sin embargo, socialmente esto significa un ahorro de medios de producción porque no todos realizaban ese desembolso de dinero. Por ejemplo, es un gran ahorro construir un solo edificio para que laboren decenas o centenas de trabajadores en lugar de construir decenas de edificios para contratar pocos trabajadores en cada uno de ellos. Además el empleo masivo de trabajadores en un solo momento también permite ahorrar materias primas porque se las utiliza únicamente en un momento y no durante muchos lapsos. En general la cooperación consiste en una producción mayor con un empleo social menor de capital constante y por consiguiente un menor costo unitario por mercancía *sin que la fuerza productiva del trabajo esté necesariamente desarrollada.*

Este cambio cualitativo en la producción, la forma en que se aglomeran los trabajadores, se convierte en una transformación cuantitativa. Las fuerzas de trabajo utilizadas en un mismo proceso de producción se potencian entre sí gracias a su empleo en conjunto, con lo cual se homologa y mejora la destreza laboral, se aprovechan mejor los medios de producción y se va formando una organización y coordinación en el centro de trabajo propiamente capitalista[57].

La función de todos los obreros en conjunto, donde las múltiples jornadas laborales se encaminan hacia un mismo fin en un proceso organizado, constituye una fuerza productiva de la *cooperación del trabajo que existe en cualquier modo de producción*. No obstante esta potenciación que se manifiesta en el capitalismo como un poder del *obrero colectivo* es apropiada por el capital por comandar este conjunto de fuerzas laborales. Además con esta cooperación se consigue la producción de más mercancías en un menor espacio de tiempo porque el objeto de trabajo pasa más rápido los procesos de producción conexos.

Division del trabajo

Conforme la producción se va ampliando a ramos nuevos, se van dividiendo las actividades productivas según la especificidad de cada una. La *división del trabajo en general* es la separación de las actividades económicas según su función general en la economía: primaria, secundaria y terciaria. La *división del trabajo en particular* es la subdivisión de la división general: primaria en agricultura, ganadería, minería, etc.; secundaria en industria manufacturera, construcción, etc.; terciaria en comunicaciones, transporte, etc. La *división singular del trabajo* es la separación de actividades dentro de la fábrica o empresa.

El modo de producción capitalista se funda después de un largo proceso de división del trabajo y cuando se constituye genera el desenvolvimiento de esta dinámica bajo sus propios términos. Una vez cumplida la división social del trabajo entre actividades primarias y secundarias, expresadas en la separación entre campo y ciudad, el capitalismo se funda sobre su propia naturaleza distinguiéndose de las otras épocas.

Una primera distinción es la conversión de esa cooperación por aglomeración en un elemento de la fuerza productiva del trabajo. Por medio del conocimiento ingenieril y administrativo se establecen mejores maneras de organizar y coordinar el trabajo (*o*) dentro de la fábrica o centro de trabajo. Este cambio altera toda la manera de producir, la cual se puede ver en la siguiente función de producción:

---

[57] La expresión matemática de este proceso temporal se deja para futuros trabajos, ya que se necesita investigar cómo sucedió históricamente y porque pertenece a la teoría de la transición. De igual manera, todos los procesos temporales por los cuales se constituyó el modo de producción capitalista se dejan para futuras ocasiones por no formar parte del objetivo de este libro.

$$q_e^i = f_e^i * \left[\frac{b * T_e^i * \left(l_e^i\right)^\gamma + a * q_e^j}{2} \right]^o$$

La manufactura y su desarrollo industrial junto con las relaciones sociales mercantiles de intercambio sirven de base para que conforme se amplían las relaciones sociales de producción capitalistas y conforme se acumule plustrabajo para inversiones posteriores, se amplíe la rama de producción industrial, que es la rama de producción primordial en el capitalismo. La acumulación de plustrabajo y la cooperación permiten el desarrollo de la fuerza productiva y su aplicación en fábricas y talleres, con lo cual el capitalismo hace época constituyendo una gran industria y el uso de maquinaria en ella.

Maquinaria y gran industria[58]

Con la especialización en producción de instrumentos de trabajo y máquinas simples y con la aglutinación de trabajadores en un mismo espacio y su cooperación, pronto la división singular del trabajo tuvo que desarrollarse. El trabajo intelectual se separó del trabajo manual dentro de las empresas, el desarrollo de la ciencia se separó del trabajo común y se convirtió en medio para incrementar la productividad del trabajo.

La separación geográfica entre los capitalistas obligaba a tardados intercambios y comunicaciones por las pocas vías de comunicación y lentos medios de transporte, por lo que los capitalistas pronto utilizaron los descubrimientos científicos en aplicaciones tecnológicas como embarcaciones y ferrocarriles. A su vez, la contratación de cada vez más trabajadores requería la construcción de centros de trabajo más grandes. Sin embargo la producción de mercancías como estas requería el manejo de materias primas grandes, pesadas y complicadas en su manipulación, ensamblaje, etc. Por esta razón comenzaron a utilizarse *máquinas* que permitieran llevar a cabo estas innovaciones ingenieriles y arquitectónicas.

La función de producción que contempla la separación de los medios de producción en materias primas (q_e^H) y máquinas es (q_e^M):

$$q_e^i = \frac{f_e^i \left[b * T_e^i * \left(l_e^i\right)^\gamma + a_H * q_e^H + a_M * q_e^M \right]}{3}$$

En este caso existen dos composiciones técnicas:

$$CT_e^{i,H} = \frac{q_e^H}{T_e^i * \left(l_e^i\right)^\gamma}$$

---

[58] Sobre este tema no se profundizará. Sin embargo Coriat (1982, 1992) tiene trabajos importantes sobre este tema. En un futuro se buscará realizar modelos que capten este proceso.

$$CT_e^{i,M} = \frac{q_e^M}{T_e^i * \left(l_e^i\right)^\gamma}$$

La suma de estas dos composiciones técnicas nos da la composición técnica respecto a todos los medios de producción:

$$CT_e^{i,H} + CT_e^{i,M} = \frac{q_e^H}{T_e^i * \left(l_e^i\right)^\gamma} + \frac{q_e^M}{T_e^i * \left(l_e^i\right)^\gamma} = \frac{q_e^j}{T_e^i * \left(l_e^i\right)^\gamma} = CT_e^i$$

Las dos composiciones técnicas expresan materias primas y máquinas respecto al trabajo vivo, por lo que si las unimos nos dan una tercera composición que nos expresa la proporcionalidad entre máquinas y materias primas requeridas:

$$T_e^i * \left(l_e^i\right)^\gamma = \frac{q_e^H}{CT_e^{i,H}} = \frac{q_e^M}{CT_e^{i,M}} = T_e^i * \left(l_e^i\right)^\gamma$$

$$\frac{q_e^H}{q_e^M} = \frac{CT_e^{i,H}}{CT_e^{i,M}} \text{ [59]}$$

Las máquinas se convirtieron en el medio perfecto para sustituir al trabajador. Igualmente, las máquinas comenzaron a utilizarse para que los trabajadores laboraran al compás de ellas, las cuales al no sufrir cansancio pueden funcionar a un ritmo más acelerado, consiguiendo con ello una amplia intensificación del trabajo. También consiguió homologar el trabajo dentro del taller y que las diferencias individuales por destreza se redujeran al mínimo, con lo cual consiguió convertir trabajo que antes era complejo en simple (lo cual significó disminución de sueldos de los obreros especializados). Otra contribución de las máquinas fue que permitieron la incorporación de mujeres y niños a ramos de producción a los que no podían acceder anteriormente, con lo cual disminuyó el valor de la fuerza de trabajo. Como el valor de la fuerza del trabajo del varón antes incluía los medios de vida de su familia, ahora ese valor se reparte entre los miembros de la familia que laboran, reduciendo con ello el valor singular del trabajador y ampliando el plustrabajo. La gran industria que implica el uso de máquinas se vuelve una condición de existencia y de la dinámica del modo de producción capitalista[60].

---

[59] No se seguirá desarrollando la distinción entre materias primas y máquinas, así como las composiciones técnicas y sus implicaciones porque esta es labor de futuros trabajos que no corresponden al objetivo de esta obra.

[60] El continuo progreso de la fuerza productiva por la gran industria constantemente transforma el trabajo complejo en simple, por lo que los trabajadores deben mantenerse al corriente en conocimientos y destrezas. Igualmente el proceso de incorporación de más fuerza de trabajo se sigue viviendo en todo el mundo, cada vez trabajan más mujeres, niños y ancianos. Parecería paradójico que al mismo tiempo que aumenta la fuerza productiva del trabajo y con ello el ahorro de tiempo de trabajo, la cantidad de trabajo total que laboran las sociedades aumente. Sin embargo, no es una paradoja, es una condición de existencia y reproducción

El valor de las fuerzas de trabajo se distingue de acuerdo a la edad o género, con lo cual ya no trataríamos un solo valor de la fuerza de trabajo, sino valores de la fuerza de trabajo según las características de quienes la venden. Este punto no se tratará sino hasta el libro sobre el *Trabajo asalariado*.

Transferencia de valor de las máquinas

Las máquinas son producidas en un tiempo determinado como todas las mercancías, pero estas sirven como medio para producir otras mercancías por lo que surge la pregunta ¿cómo se transfiere el valor incorporado en las máquinas a las mercancías que se producen con ella? Las máquinas funcionan durante cierto periodo que se calcula con anterioridad bajo su desgaste por funcionamiento promedio, es decir si una máquina vale 10,000 pesos y dura 5 años, cada año transferirá 2,000 pesos[61], esto es que su valor diario es de 5.55 pesos aproximadamente (vd_m) por lo que si se producen 10 mercancías al día (q_d) con esa máquina, el valor que aporta la máquina a cada mercancía del tipo i será de 0.555 pesos (v_m^i).

$$v_m^i = \frac{vd_m}{q_d}$$

En el ejemplo:

$$v_m^i = \frac{5.55}{10} = 0.555 \; pesos \; por \; mercancía$$

---

existencial del capitalismo. Para producir cada vez más plusvalor requiere cada vez más plustrabajo. Que la jornada laboral no cambie y se incorpore más gente a la producción no se debe a las preferencias de las personas cuyos efectos sustitución e ingreso se cancelen (como muestra la ampliamente utilizada función Cobb-Douglas) como dice la teoría convencional, sino se debe a la falta de lucha de la clase obrera por disminuir la jornada laboral y a la capacidad de la clase capitalista de contener cualquier cambio en ella. ¿Por qué los trabajadores no luchan por disminuir la jornada laboral? es una cuestión que debe analizarse en la *Teoría del trabajo asalariado* que Lebowitz (2003) ha explicado en gran medida.

[61] El cálculo que se lleva a cabo aquí es el que se conoce como 'depreciación en línea recta', no obstante, la transferencia de valor de las máquinas requiere un tratamiento más detallado, el cual se deja para después. Sin embargo, no debe verse como una deficiencia de la teoría del valor y mucho menos como si el desarrollo científico-tecnológico invalidara cuantitativamente la ley del valor como argumenta Leff (1980). El hecho de que la constante mejora en la fuerza productiva genere una disminución del valor de los medios de producción significa que las unidades producidas previamente se *desvalorizan*, el valor de los medios de producción fabricados en el pasado se calcula respecto a las condiciones de producción actuales. Esta es una contradicción del modo de producción capitalista y no de la teoría económica marxista. El valor no se *indetermina*, sí se puede calcular. Este proceso de desvalorización se podrá captar mejor cuando se comprenda cómo las maquinas transfieren su valor conforme suceden cambios tecnológicos y también cuando se analice al valor como una variable aleatoria que cambia en el tiempo, así se podrá ver claramente que el valor trasferido bien puede no ser todo el producido. La contabilidad de la transferencia de valor de las máquinas es importante para conocer el precio de venta de las máquinas y analizar ese tipo de mercados. Por otro lado, también es importante analizar cómo los capitalistas que usan tecnología previa intentan cubrir su menor productividad con jornadas laborales más extensas, o con mayor intensidad del trabajo o mejor aprovechamiento de recursos. La formalización matemática permite desarrollar y profundizar lo que hasta ahora muchos han visto como defectos o errores de la teoría económica marxista.

Precio de la fuerza de trabajo y plusvalía[62]

Anteriormente habíamos visto que asumiendo que el trabajador solo consume una mercancía y la intensidad es unitaria el valor diario de la fuerza de trabajo se podía simplificar a la expresión:

$$vd_{ft} = \frac{1}{f_{ft}} = l_n$$

Así podíamos obtener el precio diario de la fuerza de trabajo como el de cualquier mercancía al multiplicarlo por la expresión monetaria del tiempo de trabajo:

$$\rho d_{ft} = m * \frac{1}{f_{ft}}$$

No obstante también se había dicho que la mercancía fuerza de trabajo es una mercancía especial, por lo cual su precio se determina parcialmente bajo un contrato. Los obreros, por medio de su plustrabajo, producen mercancías sin remuneración monetaria por ellas. Este excedente monetario es apropiado por el capitalista por comandar el trabajo. No obstante, los obreros no son un ente pasivo, sino que son seres con aspiraciones y objetivos, por lo que pueden negociar o buscar captar parte del plusproducto que generan. Los sindicatos y las organizaciones laborales pueden conseguir esto por medio de contratos colectivos de trabajo en la empresa o a través de representaciones obreras más amplias que busquen acuerdos legales con el gobierno. Con estas acciones los trabajadores ganan cierto "poder" para disponer de una parte del plusproducto que fabrican. Pero igualmente hacen los capitalistas, crean organizaciones, cámaras, asociaciones de industriales, comerciantes, banqueros etc. y se dirigen al gobierno con el objetivo contrario: captar el plusproducto en sus manos por ser los detentores de la producción y el liderazgo despótico general de la sociedad.

Si expresamos el "poder" o capacidad de los capitalistas para apropiarse del plusproducto como x, la capacidad de los obreros quedaría expresada como $1 - x$. Los empresarios empujan por agrandar su poder y los obreros se resisten. Aquí la relación social de producción capitalista-trabajador se ve claramente como una relación antagónica de lucha. El "poder" de los capitalistas y de los trabajadores depende de la dinámica del modo de producción, de la situación en la que se encuentren una y otra clase y dela consciencia y beligerancia política de cada clase.

---

[62] A partir de esta sección se asumirá que el valor de las mercancías está determinado exclusivamente por la fuerza productiva del trabajo, es decir, que la empresa productora de estas mercancías no emplea medios de producción. Esto se hace por simplicidad, sin embargo, igualmente podría utilizarse solo el valor unitario para encontrar el valor total del producto o plusproducto (v_e).

La parte del producto por el cual se enfrentan trabajadores y capitalistas es el plusproducto (q_s). Considerando la lucha descrita previamente, y asumiendo que la plusvalía que se pueden apropiar los trabajadores se reparte proporcionalmente entre ellos, el precio de la fuerza de trabajo puede expresarse de la siguiente manera:

$$\rho d_{ft} = m * \left[vd_{ft} + \frac{(1-x) * q_s * v_t^i}{T_e^i} \right]$$

$$\rho d_{ft} = m * \left[\frac{1}{f_{ft}} + \frac{(1-x) * q_s * v_t^i}{T_e^i} \right]$$

Al multiplicar el plusproducto por el valor de cada unidad en el periodo *t* se obtiene el valor total de esas mercancías y al multiplicarlo por la expresión monetaria del tiempo de trabajo se obtiene el precio de cada mercancía. Bajo esta ecuación es claro que los trabajadores buscan recuperar parte de su trabajo cedido gratuitamente.

La plusvalía que se apropia el capitalista (p_c) también cambia de acuerdo a estos términos, debido a que ahora el capitalista no enfrenta el valor diario de la fuerza de trabajo sino su precio. Y él también pugna por obtener esas horas por medio de su "poder".

$$p_c = (m * T_e^i) * \left[l - \rho d_{ft} \right]$$

$$p_c = (m * T_e^i) * \left[l - \frac{1}{f_{ft}} - (1-x) * q_s * v_t^i \right]$$

Por esta razón los empresarios, y también los economistas convencionales, se dejan llevar por los efectos superficiales y creen que la 'ganancia' se debe a que el precio diario de la fuerza de trabajo es menor. Los empresarios y los economistas convencionales perciben la relación contraria entre ganancia y salarios, no obstante no logran ver o no aceptan que *es una implicación de la existencia de dos clases antagónicas.*

Relación entre las variaciones en el precio de la fuerza de trabajo y la plusvalía

Una vez visto el precio de la fuerza de trabajo y la plusvalía, podemos analizarlas más detalladamente. Como podemos percatarnos, tanto el precio como el plusvalor están determinados por las mismas variables: 1) la fuerza productiva del trabajo, 2) la jornada laboral y 3) la intensidad de la jornada laboral, de modo que los cambios en cada una de ellas ocasionan diferentes efectos. Veamos cada caso con uno de los factores variables y los otros dos constantes.

a) Fuerza productiva del trabajo variable lo demás constante

Si incrementa la fuerza productiva del trabajo disminuye el valor diario de la fuerza (directa o indirectamente) de trabajo y por ello aumenta la plusvalía. Esto significa que la relación existente entre plusvalor y precio de la fuerza de trabajo es inversa.

$$pd_{ft} = m * \left[\frac{1}{f_e^i} + \frac{(1-x) * q_s * v_t^i}{T_e^i} \right]$$

$$p = T_e^i * (m * l - pd_{ft})$$

Ahora bien, al incrementar la fuerza productiva del trabajo, la jornada laboral permanecería constante porque no aumentan las horas de trabajo ni la intensidad. Lo que disminuye es el valor diario de la fuerza de trabajo (trabajo necesario) y por consiguiente el precio de la fuerza de trabajo. *Sin embargo los cambios en el valor y en el precio no necesariamente son iguales.* La diferencia en los cambios depende de la magnitud de x, esta determinará si el precio de la fuerza de trabajo disminuye en el mismo grado que el valor o disminuye menos y con ello queda el *precio de la fuerza de trabajo por encima del valor.* Veamos el siguiente ejemplo en el que se considera que la empresa productora del bien de consumo incrementa su fuerza productiva del trabajo.

En el primer periodo, el poder del capitalista es 1 ($x = 1$), en el segundo periodo el poder del capitalista baja 10% ($x = 0.9$) y la fuerza productiva del trabajo se duplica.

1- $q_1^i = f_e^i * T_e^{i^a} * (l_n + l_s) = \frac{1}{4} * 10^1 * (4 + 4) = 20$

2- $q_2^i = f_e^i * T_e^{i^a} * (l_n + l_s) = \frac{1}{2} * 10^1 * (2 + 6) = 40$

Primero, la jornada laboral tanto en el tiempo 1 como 2 sigue siendo de 8 horas, solo se distribuye entre más plustrabajo y menos trabajo necesario.

$$vd_{ft}1 = pd_{ft}1 = \frac{1}{0.25} = 4$$

$$vd_{ft}2 = \frac{1}{0.5} = 2$$

Asumiendo que la plusvalía que obtienen los trabajadores por su lucha se distribuye proporcionalmente entre ellos, el precio de cada fuerza de trabajo (trabajador) es:

$$pd_{ft}2 = vd_{ft} + \frac{(1-x) * (q_s * v_2^i)}{T_e^i} = 2 + \frac{(1-0.9) * (30 * 0.5)}{10} = 2 + \left(\frac{1.5}{10} \right) = 2.15$$

El precio de la fuerza de trabajo queda por encima de su valor. Por un lado 2 pesos que cubren su valor y por otro 0.15 pesos más que logra apropiarse por tener poder, con lo cual recibe como precio de su fuerza de trabajo 2.15 pesos.

Del lado de la plusvalía tenemos para el primer periodo:

$$p_1 = m * \left[\left(T_e^i * l \right) - \left(T_e^i * \rho d_{ft} \right) \right] = 1 * [(10 * 8) - (10 * 4)] = 40$$

Para el segundo periodo, asumiendo que la plusvalía obtenida por los trabajadores

$$p_2 = m * \left[\left(T_e^i * l \right) - \left(T_e^i * \rho d_{ft} \right) \right] = 1 * [(10 * 8) - (10 * 2.15)] = 80 - 21.5 = 58.5$$

El plustrabajo pasó de 40 a 60, sin embargo la plusvalía que logra apropiarse el capitalista es 58.5 por el poder de los trabajadores.

Con una fuerza productiva del trabajo creciente incrementa la producción, como en toda economía, pero las implicaciones en el modo de producción capitalista son singulares debido a la lucha de clases entre capitalistas y trabajadores asalariados. Al incrementar la fuerza productiva del trabajo incrementa la cantidad de producto y al mismo tiempo disminuye el valor de la fuerza de trabajo. El precio de la fuerza de trabajo puede ser mayor a su valor si los trabajadores tienen algo de "poder" $((1 - x) > 0)$. Si los trabajadores pueden apropiarse parte de su plustrabajo entonces el precio de su fuerza de trabajo es mayor al de su valor, por lo que pueden incrementar su consumo. Ahora bien, si el "poder" de los trabajadores no es suficiente como para apropiarse todo el plusproducto, la plusvalía también aumenta. Como el precio de la fuerza de trabajo es inverso a la plusvalía, un precio de la fuerza de trabajo más grande que el valor implica mermas a la plusvalía del capitalista, no obstante, esto no significa que la plusvalía desaparezca. Al incrementarse la fuerza productiva del trabajo, las condiciones de vida de los trabajadores (vista como su consumo de mercancías) pueden mejorar al mismo tiempo que la plusvalía aumenta (sin una merma significativa)[63]. En el futuro, el capitalista puede hacer que el poder de los

---

[63] Este proceso es el que se conoce como "pobreza relativa". El nivel de vida de los trabajadores (considerado como la cantidad de mercancías que consume) aumenta pero menos que proporcional al nivel en que lo hace la riqueza (plusvalía) de la clase capitalista por ser quien obtiene una mayor parte del plustrabajo. Uno de los puntos más criticados por la teoría económica convencional o burguesa ha sido la "ley de la pauperización" de la clase trabajadora. Esta presunta ley fue el resultado de una incomprensión de la teoría del valor de Marx. Como los economistas no entendieron la diferencia entre la teoría del valor trabajo y la teoría del valor de Marx, hicieron caso omiso del carácter bifacético del trabajo. Al aumentar la fuerza productiva del trabajo, por el carácter útil del trabajo se producen más mercancías que antes pero por el carácter abstracto del trabajo cada una de ellas tendrá un menor valor (y precio), con lo cual si los trabajadores **logran captar** parte del plustrabajo que desempeñaron podrán tener *salarios nominales decrecientes* en el tiempo con un consumo creciente (*salarios reales más altos*). No obstante el capitalista por tener más poder captará la mayor parte del plustrabajo. Así, la brecha entre capitalistas y asalariados se hace cada vez más grande sin importar que los trabajadores puedan consumir más.

trabajadores tienda a cero, de ser así el precio iría descendiendo hasta su nuevo nivel base, el cual está determinado por su valor[64].

b) *Intensidad de la jornada laboral variable, lo demás constante*

Si incrementa la intensidad de la jornada laboral cambia tanto el precio de la fuerza de trabajo (porque aumenta el trabajo necesario que es el tiempo de trabajo que representa el valor de la fuerza de trabajo) como el plusvalor. Por lo cual puede suceder que *el desgaste de la fuerza de trabajo sea mayor a la remuneración, quedando el precio por debajo del valor*. O también existe la posibilidad, como vimos en el caso *a*, de que el precio quede por encima del valor.

Retomando el ejemplo visto en el aumento de la intensidad del trabajo como método para incrementar la plusvalía, tenemos:

$$l^{\gamma} = (l_n + l_s)^{\gamma} = 8^{1.1} = (3 + 5)^{1.1} = 9.8491$$

$$ln_{t+1} = 3^{1.1} + \left(\frac{3}{8}\right) * 0.7178 = 3.3483 + 0.2691 = 3.6174 \ horas$$

$$ls_{t+1} = 5^{1.1} + \left(\frac{5}{8}\right) * 0.7178 = 5.7830 + 0.4486 = 6.2316 \ horas$$

El trabajo necesario pasa de 3 a 3.61 horas porque ahora el desgaste es mayor, sin embargo si contractualmente se mantiene el pago por 3 horas el precio habría quedado por debajo del valor, mientras si la lucha por reapropiarse parte del plustrabajo logra que su retribución fuera mayor a 3.61, el precio de la fuerza de trabajo quedaría por encima de la fuerza de trabajo.

Como se había visto anteriormente, el modo de producción capitalista inaugura el incremento de la intensidad del trabajo para aumentar el plusvalor en términos relativos una vez que el incremento en la fuerza productiva del trabajo permitió que el plustrabajo fuera mayor al trabajo necesario. Este incremento de intensidad, así como los incrementos en la fuerza productiva del trabajo a lo largo de todos los sectores permiten que la producción crezca de tal manera que las necesidades de los trabajadores se modifiquen y se amplíen, con lo cual a su vez el valor de la fuerza de trabajo se ve modificado. Como se dijo, el valor de la fuerza de trabajo, cambia de acuerdo a procesos históricos y sociales. No obstante, todas las implicaciones de las variaciones de la fuerza de trabajo habrán de analizarse en lo que Marx contemplaba como el libro sobre el *Trabajo Asalariado*.

---

[64] Esto es lo que han conseguido las medidas 'neoliberales' en algunos países. La desaparición de organizaciones obreras y el control total del gobierno y las políticas que implementa es lo que ha hecho disminuir los salarios de la población en general en algunos países.

c) *Jornada laboral variable, lo demás constante.*

Al incrementar la jornada laboral sucede lo que vimos anteriormente cuando analizábamos el método para incrementar el plusvalor en términos absolutos. El trabajo necesario permanece igual en términos absolutos, pero en relación al plustrabajo disminuye, por lo que la tasa de explotación aumenta. No obstante, también puede suceder un decremento en la jornada laboral, con lo cual, *caeteris paribus*, disminuiría el plusvalor.

También podrían presentarse casos en los que algunos factores fueran variables y otros constantes. Los dos más importantes son: 1) en el que la fuerza productiva del trabajo disminuye (por ejemplo la fertilidad del suelo cae) y se incrementa la jornada laboral o la intensidad del trabajo, este es el caso que se presenta en ocasiones durante las crisis o problemas estacionales y 2) en el que la jornada laboral disminuye y la intensidad del trabajo aumenta.

1) Al disminuir la fuerza productiva del trabajo se producirán menos mercancías, por lo que puede sustituirse con mayor jornada laboral o mayor intensidad del trabajo.

2) Al aumentar la fuerza productiva del trabajo ya sea directa o indirectamente, a corto o mediano plazo disminuirá el valor de la fuerza de trabajo, por lo que el capitalista podría aceptar disminuir la jornada laboral. Además *mientras más corta sea la jornada laboral más puede incrementarse la intensidad.*

Ejemplos

1. Imaginemos que los trabajadores sólo consumen una mercancía cada día y que la fuerza productiva del trabajo para producir esa mercancía es de 0.25. ¿Cuál es el valor diario de la fuerza de trabajo?

$$vd_{ft} = \frac{1}{1/4} = 4\ horas$$

Si la jornada laboral fuera de 12 horas y la intensidad del trabajo igual a 1 ¿cuántas horas de plustrabajo desempeñarían los obreros?

$$vd_{ft} = l_n = 4\ horas$$

$$l = l_s + l_n \Rightarrow 12 = l_s + 4 \Rightarrow l_s = 8\ horas$$

¿Cuál sería la tasa de explotación para estos trabajadores?

$$\sigma_e = \frac{8}{4} = 2 = 200\%$$

Si el salario que reciben los trabajadores es igual a su trabajo necesario, el capitalista contratara 50 obreros y la expresión monetaria del tiempo de trabajo $m = 2$ ¿cuál sería el plusvalor total que obtendría el capitalista?

$$P_e = T * l_s = 50 * 8 = 400\ horas$$

$$P_p = 400 * 2 = 800\ pesos$$

Si un capitalista que produce vigas de acero ocupa una fuerza productiva del trabajo igual a 1.25, contrata a los 50 trabajadores que cuentan con una destreza de 1.1, compra 300 vigas de acero como medios de producción cuyo eficacia es 2.2 (no se ocupan instrumentos de producción) ¿cuál sería la producción total de vigas de acero y cuánto sería el plusproducto que fabrican los obreros?

$$q = 1.25 * \frac{[1.1 * 50 * (8 + 4) * 2.2 * 300]}{2} = 825\ vigas\ de\ acero$$

$$q_s = 550 \ vigas \ de \ acero$$

2. Si un sector emplea 150 trabajadores para producir envases de plástico con una jornada laboral de 10 horas cuya intensidad laboral es de 1.079 y destreza de 1, ocupando una fuerza productiva del trabajo de 1.8 y comprando medios de producción por 1,000 unidades cuya eficacia es de 1.5, ¿cuántos envases sacará al mercado?

$$q = 1.8 * \frac{[1 * 150 * 10 + 1.5 * 1,000]}{2} = 2,700 \ envases$$

3. Cien capitalistas producen 135 rollos de tela (y) cada uno usando 250 horas de trabajo vivo y 100 horas de trabajo muerto ¿Cuál es el trabajo necesario de cada productor?

$$v_y = \frac{250 + 100}{150} = 2.3333 \ horas \ cada \ rollo$$

Otro capitalista que produce de rollos de tela (x) ocupa 200 horas de trabajo vivo y 90 de trabajo muerto para producir 150 rollos cada uno ¿cuál es el trabajo necesario de este capitalista?

$$v_x = \frac{200 + 100}{150} = 2 \ horas \ cada \ rollo$$

Si el valor mercantil es igual al precio mercantil entonces ¿cuál sería el precio mercantil de cada rollo de tela?

$$v_i = \rho_i = \frac{2.3333 + 2}{2} = 2.1666 \ pesos \ cada \ rollo$$

¿Algún productor obtendría plusvalor extraordinario?

El capitalista x sería el que obtendría plusvalor extraordinario por producir la misma cantidad de rollos con menos tiempo de trabajo.

¿Cuánto sería el máximo de plusvalor extraordinario por rollo que podría obtener el productor x?

$$plusvalor \ extraordinario = (2.1666 - 2) * 150 = 25 \ pesos$$

4. Un capitalista produce bajo la siguiente función de producción:

$$q_1 = f * \frac{[b * T * (l_s + l_n) + a * q_j]}{2} = 3.2 * \frac{[1 * 50 * (6 + 2) + 1 * 400]}{2}$$

$$= 1,280 \ unidades$$

¿Cómo obtener la tasa de explotación por medio del plusproducto y el producto necesario?

$$\frac{q_s}{q_n} = \frac{\left(\frac{6}{8}\right) * 1{,}280}{\left(\frac{2}{8}\right) * 1{,}280} = \frac{960}{320} = 3 = 300\% = \frac{l_s}{l_n}$$

Si, ahora la fuerza productiva del trabajo incrementara a $f' = 3.5$ y la función de producción quedara de la siguiente manera:

$$q_2 = f' * \frac{\left[T * (l_s + l_n) + q_j\right]}{2} = 3.5 * \frac{[1 * 50 * (6 + 2) + 1 * 400]}{2} = 1{,}400 \; unidades$$

¿Cambia la tasa de explotación?

No, porque la proporción entre plusproducto y producto necesario permanece igual:

$$\frac{q_s}{q_n} = \frac{\left(\frac{6}{8}\right) * 1{,}400}{\left(\frac{2}{8}\right) * 1{,}400} = \frac{1{,}050}{350} 3 = 300\% = \frac{l_s}{l_n}$$

4.- El salario[65]

Valor de la fuerza de trabajo-precio de la fuerza de trabajo-salario

Como usualmente no se hace la distinción entre trabajo y fuerza de trabajo y se utiliza el término precio del trabajo como sinónimo de salario, estos conceptos se han confundido y su comprensión se ha vuelto muy complicada[66]. Por esta razón es de vital importancia esclarecer cada concepto, enfatizar sus diferencias y explicar la forma en que se presenta el salario ante los ojos de quienes creen que la mera observación de la realidad capta los fenómenos en estado puro.

Como se había visto anteriormente el capitalista es dueño de los medios de producción pero no puede ponerlos en acción por su cuenta, por lo que tiene que contratar trabajadores. Esta relación social de producción significa la existencia por un lado de *capitalistas* y por el otro de *trabajadores asalariados*, y dicha relación es distintiva del modo de producción capitalista. Nunca antes se había presentado la necesidad de que un grupo de personas con materiales por ser trabajados tuviera que *contratar* personas libres cuya *única propiedad* fuera su capacidad de trabajar. Así los capitalistas reciben de los obreros su *tiempo de trabajo* (mayor al tiempo que requieren para reproducir su fuerza de trabajo), tiempo durante el cual producen un plusproducto, y les pagan a cambio una cantidad de dinero. Esa cantidad de dinero, que está comprando la mercancía fuerza de trabajo no es arbitrario, se basa en el *valor de la fuerza de trabajo* (valor de las mercancías que constituyen las necesidades de los trabajadores), el cual al expresarse en dinero es el *precio* de la *fuerza de trabajo*. No obstante, como los trabajadores luchan por obtener parte del plusproducto que generan, el precio de la fuerza de trabajo también *incluye la lucha* de los trabajadores por captar parte del plusproducto que producen. En primera instancia el *precio del trabajo, que es la cantidad de dinero que efectivamente recibe el trabajador, es **el salario***, no obstante hay otros factores que lo afectan, por lo cual el precio del trabajo no es sinónimo de salario.

En suma, el capitalista paga a los obreros un **salario**, a cambio de poder usar su capacidad laboral durante una jornada (establecida por luchas y acuerdos con el gobierno) para

---

[65] En este capítulo se basa en la sección de *El Capital* que tiene el mismo nombre pp. 651-682. En este capítulo se trata lo que es el salario y algunas generalidades del mismo, sin embargo *la teoría del salario*, como se vio en el subcapítulo sobre el valor de la fuerza de trabajo, es tema de otro libro por lo que se deja a futuras investigaciones.

[66] Es primordial utilizar los términos como conceptos propios de una ciencia con los cuales puede generar conocimiento sobre una materia. Si en la producción de conocimiento, se usan las palabras sin cuidado puede conducirse a confusiones profundas.

producir un producto y plusproducto. Los cambios en el precio de la fuerza de trabajo significan cambios del salario, por lo cual, el salario puede ser mayor o menor al valor de la fuerza de trabajo (como vimos anteriormente). Es decir, las reglas que gobiernan el precio de la fuerza de trabajo son las que gobiernan en primera instancia al salario. Las otras características que afectan al salario (y no al precio de la fuerza de trabajo) son las diferencias en edad, género, región geográfica, etc., sin embargo estos temas corresponden al libro sobre el trabajo asalariado. Igualmente el salario se ve afectado por la ley de la oferta y la demanda de trabajadores, es decir por el nivel de empleados que requieran las empresas de acuerdo a la productividad del trabajo promedio y a la apertura de nuevos sectores en la economía o al surgimiento de máquinas que sustituyan a los trabajadores, sin embargo esto se analizará parcialmente en la teoría de la acumulación.

Como la jornada laboral ya incluye el plustrabajo que realiza el trabajador (el cual no es visible en la superficie) el salario que recibe a cambio *pareciera* la remuneración de todas las horas de trabajo. Tanto el capitalista como el trabajador observan el *pago* exactamente como el *precio de la jornada*, igualmente el teórico convencional cree que la mera observación "pura" del fenómeno le ofrece la explicación teórica del mismo. El *salario* desvanece la separación de la jornada laboral en trabajo necesario y plustrabajo y hace parecer que todo el trabajo es pagado al obrero[67].

El salario puede presentarse de diferentes maneras: como pago por un tiempo de trabajo, por unidades producidas, por unidades vendidas, por objetivos logrados, por comisión, etc. En este caso solo se verán los primeros dos, pero estas dos formas de salario son las que engloban las demás de una u otra manera[68].

Salario por tiempo

La venta de la fuerza de trabajo y su pago se establecen contractualmente por un periodo, el cual es a su vez el periodo de su funcionamiento: hora, día, semana, quincena, mes, etc. y como tal se manifiesta en *salario por hora, jornal, quincena*, etc.

La cantidad de dinero que recibe el trabajador por su trabajo es su *salario nominal*, el cual se basa o estima de acuerdo al valor diario de la fuerza de trabajo. No obstante, dependiendo de cuán larga sea la jornada laboral ese pago puede dar lugar a diferentes cantidades de dinero.

---

[67] Esta apariencia es un claro ejemplo del concepto *ideología*. "La ideología es una 'representación' de la relación imaginaria entre los individuos y sus condiciones reales de existencia" Althusser (1983).

[68] Al igual que el estudio de las necesidades como variables a lo largo de la vida del trabajador, las diferentes formas del salario, el cálculo del valor de la fuerza de trabajo según la vida laboral del obrero, etc. se dejan para el libro sobre el Trabajo asalariado. Así es como Marx lo planteó en su plan de seis libros, pendiente hasta la fecha.

Para calcular el precio de una hora de trabajo (ρ_{ht}) se divide el valor de la fuerza de trabajo multiplicada por la expresión monetaria entre la jornada laboral que se desempeña en esa empresa:

$$\rho_h = \frac{vd_{ft}}{l^\gamma} = \frac{m * \left(\dfrac{1}{f_{ft}}\right)}{l^\gamma} \frac{unidades\ de\ dinero}{hora\ de\ trabjo}$$

Si multiplicamos el precio de cada hora de trabajo por el número de horas que trabaja el obrero (h) tendremos su *salario nominal por tiempo*. Al cual hay que sumarle la cantidad de plusproducto que se puede apropiar.

$$\omega_n = \rho_h * h + m * (1 - x) * q_s^i * v_t^i\ unidades\ monetarias$$

El *salario real* (ω_r) constituye la cantidad de mercancías que puede comprar el trabajador con su salario nominal. Para obtener el salario real habría que dividir el salario nominal entre los precios de las mercancías que forman parte de su canasta de consumo.

$$\omega_r = \frac{\omega_n}{m * \left[\sum_{ai=1}^{Ai} a_i + \sum_{bi=1}^{Bi} b_i + \cdots + \sum_{gi=1}^{Gi} g_i\right]}\ unidades\ de\ mercancías$$

Si utilizamos la simplificación de que el valor diario de la fuerza de trabajo es $\frac{1}{f_{ft}}$ porque solo consume un bien al día y $\frac{1}{f_{ft}} = \frac{1}{f_e^i}$ porque ambas son las fuerzas productivas que ocupa la empresa productora del bien de consumo, entonces el salario real podría verse de la siguiente manera:

$$\omega_r = \frac{m * \left[\dfrac{1}{f_e^i * l^\gamma} * h + \dfrac{(1 - x) * q_s^i * v_t^i}{T_e^i}\right]}{m * \dfrac{1}{f_e^i}}$$

Si asumimos que las horas trabajadas son las horas de la jornada laboral en la empresa ($h = l$) y con intensidad del trabajo unitaria, podemos reducir la expresión a:

$$\omega_r = 1 + \frac{(1 - x) * q_s^i * v_t^i}{T_e^i}\ unidades\ de\ mercancía\ i$$

Esto significa que puede comprar una unidad de la mercancía, la cual habíamos supuesto como su valor, y la cantidad de mercancías que puede obtener por su lucha por captar plusproducto.

Si el valor diario de la fuerza de trabajo aumentara y todo lo demás permaneciera constante, entonces el precio de la hora de trabajo incrementaría y por consiguiente incrementaría el salario.

$$\frac{\partial \rho_h}{\partial vd_{ft}} = \frac{1}{l^\gamma}$$

Si la jornada laboral de la empresa incrementa, entonces el valor de la fuerza de trabajo permanece constante pero el precio de cada hora de trabajo disminuye.

$$\frac{\partial \rho_h}{\partial l} = -\gamma * \frac{vd_{ft}}{l^{\gamma+1}}$$

El salario nominal permanecería constante porque a pesar de que el precio de cada hora cayó, el obrero trabajará esa nueva cantidad de horas que son las normales o promedio. Por ejemplo, si antes su valor era de 4 horas y la jornada laboral de 8 horas el precio de cada hora era 0.5 por lo que su salario nominal sería de $0.5 * 8 = 4 \, pesos$, al aumentar la jornada a 12 horas el precio de cada hora sería de 0.3 pero como trabajaría 12 horas su salario seguiría siendo $0.3 * 12 = 4 \, pesos$.

Si la jornada laboral se separa en iguales proporciones de trabajo necesario y plustrabajo[69], si la intensidad de trabajo subiera (y el precio de la fuerza de trabajo fuera pagado al trabajador) el precio de cada hora de trabajo disminuiría pero el salario nominal permanecería constante:

$$\frac{\partial \rho_h}{\partial \gamma} = \frac{vd_{ft}}{l^\gamma * \ln l}$$

Veamos un ejemplo:

$$l^\gamma = (l_n + l_s)^\gamma = 8^1 = (4 + 4)^1$$

Suponiendo que la intensidad incrementa a 2:

$$8^2 = (4 + 4)^2 = 64$$

$$ln_{t+1} = 4^2 + \left(\frac{4}{8}\right) * 32 = 16 + 16 = 32 \, horas$$

$$ls_{t+1} = 4^2 + \left(\frac{4}{8}\right) * 32 = 16 + 16 = 32 \, horas$$

El trabajo necesario es el valor de la fuerza de trabajo y ésta aumento a 32 horas. Como la jornada laboral aumentó a 64 horas el precio por hora permanece en 0.5 pesos. Esto es, el

---

[69] Supuesto de Marx en la mayor parte de *El Capital*.

salario nominal permanece constante. Si el plustrabajo es mayor al trabajo necesario, condición que vimos anteriormente tuvo que cumplirse para que el modo de producción capitalista pudiera ampliar la plusvalía en términos relativos, el salario nominal no se mantendría constante, sino por el contrario disminuiría porque la jornada laboral crecería más que el trabajo necesario.

Ahora analicemos cómo el obrero puede recibir un salario por debajo de su valor. Si por ejemplo la jornada laboral normal es de 8 horas y la tasa de explotación es del 100% entonces trabajaría 4 horas para sí y 4 horas para el capitalista. Pero si el empresario no contratara a los trabajadores por jornada sino que lo hiciera por *horas de trabajo*, entonces podría hacer que los obreros laboraran durante 4 horas nada más, con ello 2 horas trabajaría para sí y 2 horas para el capitalista. De esta manera consigue extraer el plustrabajo promedio de cada obrero contratado, pero los trabajadores recibirían un salario menor al valor de su fuerza de trabajo[70].

A los capitalistas les conviene incrementar la jornada laboral y/o la intensidad y podrían hacerlo, no obstante si todos lo hicieran, el desgaste de la fuerza de trabajo incrementaría y podría resultarles contraproducente, por lo que tienden a aceptar algunas de las exigencias de las luchas obreras como el establecimiento de una *jornada laboral normal* y el pago de *horas extras* una vez pasada dicha jornada laboral normal. Al inicio solo sucedió en los ramos industriales con las jornadas laborales más extensas, pero gradualmente se fue implementando legalmente en casi todos los ramos, como en la actualidad en la mayoría de los países. Establecer por medio del estado una jornada laboral legal, pago de horas extras, negociaciones continuas por mejores sueldos, etc. son medios que pueden utilizar sindicatos para mejorar las condiciones de pago de los trabajadores[71].

Salario a destajo

El salario a destajo se basa en el mismo principio que el salario por tiempo. El valor de la fuerza de trabajo determina el precio de la fuerza de trabajo y estos se convierten en estimación del salario de acuerdo al tiempo en que se labora y la intensidad a la que se hace. Por lo que la ecuación del precio por hora de trabajo se mantiene y el salario nominal total se sigue viendo de la misma manera.

$$\omega_n = \rho_h * h + m * \frac{(1-x) * q_s^i * v_t^i}{T_e^i}$$

---

[70] Esto es lo que se llama 'subocupación'. Los obreros, por trabajar menos que la jornada normal no podrán vivir siquiera en los estándares de normalidad en la sociedad.

[71] Conseguir mejores sueldos o mejores condiciones laborales es muy importante para el bienestar de los obreros y es de hecho de los pocos medios por los cuales pueden mejorar su condición de vida, no obstante lo único que conseguirán es aguantar mejor o sobrellevar el desarrollo del capitalismo. La única manera de transformar un modo de producción destructivo no es intentando mejorar los salarios sino *erradicar el sistema asalariado*.

La diferencia en este caso es que se le paga al trabajador por el *número de unidades* que produce (q_t) en cierto espacio de tiempo, que es su jornada laboral. Por lo que, asumiendo que el poder del capitalista es del 100%, el salario por mercancía producida es:

$$\omega_m = \frac{\rho_h * h}{q_t} = \frac{m * h * \left(\frac{1}{f_{ft}}\right)}{q_t}$$

Esto aparenta que al trabajador se le está pagando por su *trabajo* y no por su *fuerza de trabajo*. Aquí la apariencia es aún más poderosa que en el caso del salario por tiempo. Así el capitalista considera que no mide el valor de la mercancía por el tiempo que toma producirla sino que se mide el trabajo desempeñado por el obrero conforme a las mercancías que produjo.

Normalmente el capitalista debe vigilar directamente o contratar trabajadores para asegurarse de que los trabajadores laboren con la intensidad adecuada para la producción. No obstante, el sistema de salario a destajo le da al capitalista una ventaja, como el trabajador obtiene su salario por la cantidad de piezas fabricadas, este buscará incrementar su intensidad para obtener un mayor pago, por lo que la vigilancia se vuelve prácticamente innecesaria en estos términos. De este modo la explotación del capital sobre el asalariado es controlada por el mismo trabajador. Además como los trabajadores buscan mejores pagos incrementan la intensidad de trabajo, por lo que el nuevo nivel de intensidad puede ser fijado por el capitalista con facilidad.

Otra ventaja del salario a destajo es que le permite al capitalista conocer aproximadamente la intensidad del trabajo dentro de su fábrica. Teóricamente se puede conocer si se aíslan las otras variables o si se conoce la eficacia de los medios de producción, la fuerza productiva del trabajo y la extensión de la jornada laboral. Esta labor se deja para futuras investigaciones.

Ahora, si aumenta la fuerza productiva del trabajo la misma cantidad de mercancías se producirá en un menor tiempo, por lo que disminuirá el valor de cada mercancía que fabrica el trabajador y por ende su salario por mercancía. No obstante, esta disminución en el salario total es únicamente *nominal* porque el trabajador sigue recibiendo el mismo salario antes. Como ahora el trabajador recibe menos por cada mercancía que produce parece que su salario disminuyó, pero no es así porque el precio por hora de trabajo no se vio alterado, el tiempo solo se distribuyó en más mercancías, pero sigue siendo la misma cantidad de tiempo. Por ejemplo si antes su salario por mercancía era de 1 peso y producía 10 unidades con lo que su salario sería de 10 pesos, ahora al duplicarse la fuerza productiva del trabajo cada mercancía valdrá 0.5 pesos, pero como seguirá trabajando la misma cantidad de tiempo producirá 20 unidades con lo que su salario sería de 10 pesos.

5.- Teoría de la acumulación[72]

Sabemos que el capital es el proceso D – M (FT, MP) – M' – D+ΔD donde el plusvalor que produce la fuerza de trabajo (D'=ΔD) está contenido en las mercancías (M'), razón por lo cual dicho plusvalor sólo puede ser apropiado por el capitalista una vez que se vendan dichas mercancías. Es decir, existe un *proceso de circulación* por el cual el plusvalor se realiza. Este proceso de circulación lo lleva a cabo el capital mercantil (comerciantes) y requiere un estudio particular, por lo que para simplificar nuestro estudios consideraremos que este proceso siempre se lleva a cabo sin necesidad de comerciantes y además que sucede en su totalidad, es decir el capitalista mismo es quien vende y siempre vende todo lo que produce.

También el plusvalor total que extrae el industrial de los trabajadores se distribuye entre los diferentes capitales según la función que ejerzan en el proceso global capitalista (capital dinerario que gana interés, capital mercantil que obtiene ganancia comercial, terrateniente que obtiene la renta por su tierra), no obstante este *proceso global, por el cual se distribuye la plusvalía de acuerdo a la participación de los capitales* tampoco se tomará en cuenta con vistas en simplicidad. Por lo que se considerará que el capitalista produce con sus propios medios y no requiere ni dinero prestado, ni rentar terreno y como se dijo él mismo vende su mercancía[73]. De esta manera nos enfocamos exclusivamente en el *proceso reconversión del plusvalor en capital*. Esto es en el proceso abstracto de la reproducción.

Reproducción

El proceso de producción y el proceso de circulación son indispensables para la vida de una sociedad y se encuentran conectados entre sí. Mas después de llevar a cabo esa producción y su consumo, es necesario que dicha sociedad se encuentre con la capacidad de producir el siguiente periodo, es decir necesita llevar a cabo su *reproducción*. Para producir se necesitan medios de producción y fuerza de trabajo, por lo que la reproducción significa que una vez consumidos los bienes de vida y los medios de producción deben existir más

---

[72] Este capítulo se basa en la sección *El proceso de acumulación de capital*, para lo cual se utilizaron las pp.691-890.

[73] Este es exactamente el orden metodológico que sigue Marx en *El Capital*. Libro I: El Proceso de producción del capital, Libro II: El Proceso de Circulación del Capital, Libro III: El Proceso global de la producción capitalista (este proceso global es la producción y la circulación, la interconexión de estos procesos da lugar a la distribución del plusvalor).

trabajadores y medios de producción para continuar la producción. Generalmente las materias primas se consumen en su totalidad, por lo que físicamente no se encuentran disponibles en el siguiente periodo. Los instrumentos de trabajo y máquinas, generalmente no se agotan en un solo periodo, sino que transfieren su valor gradualmente conforme se desgastan físicamente en cada periodo de uso, por lo cual en el momento en que termine su función, la sociedad deberá encontrarse con la capacidad de sustituirlas. La fuerza de trabajo no desaparece en cada periodo, habrá trabajadores que sigan trabajando por algunos periodos más, por lo cual no tendrán que ser sustituidos y habrá otros que culminen su vida laboral y tengan que ser remplazados por obreros nuevos (su descendencia). En todos los casos, la producción de materias primas, instrumentos de trabajo, máquinas y trabajadores implican un proceso por el cual se restituya el modo de producción, es decir se reproduzca.

El proceso de reproducción puede ser de dos tipos. El primer tipo consiste en restituir los elementos productivos que dejaron de funcionar en el periodo anterior, que es la *reproducción simple*. El segundo tipo consiste en que además de restituir los elementos consumidos en su totalidad se genera una ampliación de esa riqueza, que es la *reproducción ampliada*. La reproducción simple es *una abstracción* que es parte de todo modo de producción, pero no significa que existiera un modo de producción que únicamente desempeñara la reproducción simple. Es útil para comprender el concepto de reproducción pero no debe considerársele como una época concreta.

Reproducción simple

Veamos cómo funcionaría la reproducción simple en el modo de producción capitalista. Cada capitalista cuenta con cierta cantidad de dinero y para poder hacerlo funcionar como capital requiere poder comprar con él medios de producción y cierta cantidad de fuerza de trabajo. Para poder hacer esto, debe tener la posibilidad de comprar medios de producción a otros capitalistas y encontrar seres humanos en el mercado con la libertad de vender su única mercancía, su fuerza de trabajo. Esto implica que las condiciones sociales por las cuales funciona el modo de producción capitalista tuvieron que constituirse paulatinamente y además que de alguna manera el capitalista consiguió amasar la cantidad inicial de dinero para comenzar a usarlo como capital[74].

Con el capital inicial se compra materia prima e instrumentos de trabajo y se contratan trabajadores para producir mercancías. El producto total generado durante el periodo es propiedad del capitalista, de modo que el producto nuevo está a disposición de él. Una vez apropiado del valor nuevo (plusvalía) retribuye a los trabajadores con una parte de lo que produjeron. Es decir, la retribución salarial a los trabajadores que constituyen el capital

---

[74] Esta cantidad de dinero puede ser la expresión monetaria de la riqueza acumulada por su trabajo, aunque bien podría haber sido por otras razones. Para comprender verdaderamente el proceso de transición por el cual se fue constituyendo paulatinamente el modo de producción capitalista debe estudiarse *la acumulación originaria*. Este tema no se trata en el libro, no obstante requiere ser estudiado para continuar con la teoría de la transición de modos de producción y formaciones sociales.

variable es la forma que revisten los medios necesarios de vida en el modo de producción capitalista. La materia prima y los instrumentos de trabajo que compró el capitalista desde un inicio para llevar a cabo la producción son el capital constante, el cual es la forma en que se presentan los medios de producción en el modo de producción capitalista.

El valor de los medios de producción se transfiere directamente al producto, el cual al venderse regresa al capitalista. El valor total del trabajo realizado por los trabajadores durante el periodo también se plasma en el producto y al venderse, el capitalista obtiene el valor que restituye los medios de vida de los trabajadores (el cual les regresa en forma de salarios) y también obtiene el plusvalor. Este último lo utiliza para satisfacer sus necesidades. En caso de que no requiera todo el plusvalor, puede ahorrar una parte, formando así un *fondo de consumo* para futuras ocasiones.

Puede considerarse que este proceso lo desarrolla un capitalista o el capital en general, los cuales cuentan con una cantidad inicial de dinero $C_0 = K$. La cual se separa según la manera en que funcionará durante el periodo de producción, es decir de acuerdo a la composición de valor del capital.

Composición de valor del capital

La composición de valor del capital es la proporción en que se divide el capital total del capitalista en capital constante y capital variable. Es decir, el porcentaje que representa la cantidad de medios de producción que adquiere el capitalista (α) y el porcentaje que representan los salarios que paga el capitalista (β) de su capital total.

$$\alpha = \frac{C_c}{C_c + C_v} = \frac{C_c}{C} \qquad \beta = \frac{C_v}{C_c + C_v} = \frac{C_v}{C}$$

$$\alpha + \beta = 1$$

Por lo que el capital constante y variable se pueden expresar como:

$$C_c = \alpha * C \qquad C_v = \beta * C$$

Así el capitalista pone a trabajar dicho capital inicial en el primer periodo con una tasa de plusvalor dada y consume una parte de la plusvalía (μ).

$$C_1 = \alpha C_0 + \beta C_0 + \beta C_0 \sigma - \mu C_0 \sigma = \alpha C_0 + (\beta - \mu) C_0 (1 + \sigma) = C_0 * [\alpha + (\beta - \mu) * (1 + \sigma)]^{[75]}$$

La plusvalía es $P = \beta \sigma C_{t-1}$ y si el capitalista únicamente dedica la plusvalía a su consumo, el cual es $G = \mu \sigma C_{t-1}$, entonces la plusvalía siempre es mayor o igual al consumo del capitalista:

---

[75] Si sustituimos α, β y omitimos μ en esta expresión obtenemos exactamente la separación del capital en constante y variable.

$$P \geq G \Longleftrightarrow (\beta C_{t-1})\sigma \geq (\mu C_{t-1})\sigma \Longleftrightarrow \beta \geq \mu$$

El consumo del capitalista es igual a la plusvalía únicamente si la proporción que consume es la misma proporción que invierte en capital variable:

$$P = G \Longleftrightarrow \mu = \beta$$

De esta manera, si el capitalista utiliza todo su capital sin atesorar alguna parte, el capital que el capitalista tendrá disponible para el siguiente periodo es igual al del anterior:

$$C_1 = C_0(\alpha + \beta)$$

Como $\alpha + \beta = 1$ entonces $C_0 = C_1$

De repetirse este proceso, *caeteris paribus*, el capital disponible siempre es el mismo $C_t = C_{t-1}$.

Si $\mu < \beta$ el capital en el siguiente periodo es:

$$C_1 = C_0[\alpha + (\beta - \mu) * (1 + \sigma)] > C_0$$

De esta manera, el capital se escinde en dos: capital para adelantar y dinero dedicado al consumo (G) o atesoramiento (A).

$$G + A = \mu\sigma C_{t-1}$$

Esto no altera el proceso de reproducción simple. El capital disponible siempre es el mismo $C_t = C_{t-1}$ solo que ahora se consume una parte de la plusvalía y otra parte se atesora.

La reproducción simple es exclusivamente la reiteración del proceso de producción en la misma escala porque se invierte la misma cantidad de capital en cada periodo o porque el resultado de la capitalización es el mismo en cada periodo. No obstante, la repetición de estos procesos, el encadenamiento de los mismos estados da lugar a que el plusvalor producido en cada periodo se transforme en *capital acumulado*. Esta serie de procesos no genera cambios cuantitativos significativos, sin embargo lleva a cabo una transformación cualitativa del proceso de producción y reproducción. La repetición sucesiva de este acto *perpetúa la relación social que lo fundamenta: capital por un lado y trabajo asalariado por otro*. Además, la repetición del proceso no nada más perpetúa las condiciones bajo las cuales sucede, sino que también abre la posibilidad de ampliarlas.

Si los capitalistas satisfacen sus necesidades y tienen un fondo de consumo holgado, ahora los recursos generados por el plustrabajo de los obreros pueden dirigirse a una reinversión. Con el plusvalor, el capitalista puede comprar más medios de producción y contratar más trabajadores, esto es: ampliar la producción.

Reproducción ampliada

La reproducción ampliada se distingue de la reproducción simple en que parte de la plusvalía apropiada por los capitalistas es reinvertida para adquirir más elementos para producir, tanto medios de producción como fuerza de trabajo. Esta reproducción se presenta en el modo de producción capitalista como reconversión de plusvalor en capital.

Reconversión del plusvalor en capital

Conocemos cómo una cantidad de dinero es adelantado al inicio de un periodo y con ello se genera plusvalor, es decir la transformación de dinero en capital. Cuando ese plusvalor obtenido es reinvertido se convierte en nuevo capital. Esto es el proceso de **conversión del plusvalor en capital o capitalización** de la plusvalía. La repetición de este proceso: capital-plusvalor-capital... es el proceso de *acumulación*, proceso por el cual, una cantidad de dinero produce más dinero y que al reinvertirse *amplía* aún más sus dimensiones.

Para que se pueda llevar a cabo la acumulación ampliada es necesario que una parte del plusvalor se reinvierta, por lo cual la condición indispensable para la acumulación ampliada es que $\beta > \mu$.

Ahora la diferencia entre la plusvalía que recibe el capitalista y su gasto y su fondo de ahorro será la inversión (I), es decir la capitalización del plusvalor:

$$(\beta - \mu)\sigma C_{t-1} = I$$

De repetirse este proceso durante t periodos, con la misma tasa de plusvalor en todo ellos (σ), con la misma composición de valor, es decir con la misma tasa de inversión tanto en el capital constante como el capital variable, podríamos conocer el capital total para cada periodo de la siguiente manera.

$$C_t = \alpha C_{t-1} + (\beta - \mu)C_{t-1}(1 + \sigma) = C_{t-1} * [\alpha + (\beta - \mu) * (1 + \sigma)]$$

Sabemos que la tasa de plusvalor es la proporción entre la plusvalía y el capital variable.

$$\sigma_t = \frac{P_t}{Cv_t}$$

La tasa de ganancia, como se sabe, es la proporción entre el plusvalor y el capital total adelantado.

$$g_t = \frac{P_t}{Cc_t + Cv_t} = \frac{\beta\sigma C_{t-1}}{\alpha C_{t-1} + \beta C_{t-1}} = \frac{\beta\sigma}{\alpha + \beta} = \beta\sigma^{76}$$

---

[76] La tasa de crecimiento de la ganancia es: $\hat{g} = \frac{g_t - g_{t-1}}{g_{t-1}}$. La cual se puede rescribir de la siguiente manera: $\hat{g} = \frac{(\beta\sigma)_t}{(\beta\sigma)_{t-1}} - 1$. De modo que la tasa de crecimiento de la ganancia será positiva si incrementa el capital variable y/o la tasa de explotación. En caso contrario, la tasa de crecimiento será negativa, es decir habrá decrecimiento de la ganancia.

La tasa de plusvalor siempre es mayor a la tasa de ganancia $\sigma_t > g_t$, únicamente serían iguales si el capital constante fuera cero: $\sigma_t = g_t \Leftrightarrow C_c = 0$

Si la tasa de plusvalor permanece constante y la composición de capital también, entonces no habrá modificaciones en la tasa de ganancia.

La tasa de crecimiento del capital es la *tasa de acumulación*[77] y en principio (al nivel que nos encontramos ahora) es igual a la tasa de ganancia.

$$\hat{C} = \frac{C_t - C_{t-1}}{C_{t-1}} = \frac{P_t}{C_{t-1}} = g_t$$

Esto es porque la diferencia entre el capital que se tiene al final periodo y el capital invertido al inicio del periodo es la plusvalía.

En la reproducción simple la tasa de acumulación siempre es cero porque el capital es igual en todos los periodos. Mas esto no significa que el plusvalor y la ganancia sean cero, únicamente quiere decir que se consume todo el plusvalor (en este caso igual a la ganancia). En la reproducción ampliada la tasa de acumulación es positiva.

La tasa de acumulación se puede rescribir de la siguiente manera:

$$\hat{C} = \frac{C_{t-1}[1 + \sigma(\beta - \mu)]_t}{C_{t-2}[1 + \sigma(\beta - \mu)]_{t-1}} - 1$$

Mientras mayor es el consumo del capitalista menor será la tasa de acumulación[78].

Un caso especial en la reproducción ampliada sería si el capitalista únicamente empleara capital variable y no realizara gasto alguno para sí mismo. De esta manera la tasa de acumulación (crecimiento) sería exactamente la tasa de plusvalor y también igual a la tasa de ganancia:

$$C_t = C_{t-1} * \sigma$$

$$\hat{C} = \frac{C_t - C_{t-1}}{C_{t-1}} = \frac{C_{t-1} * (1 + \sigma - 1)}{C_{t-1}} = \sigma = g$$

En la reproducción ampliada la plusvalía capitalizada, da lugar a la acumulación de capital. En términos cuantitativos la acumulación implica la ampliación en la cantidad de capital con la que se cuenta cada periodo. En términos cualitativos la relación social de producción

---

[77] Como vimos, la tasa de acumulación es la tasa de crecimiento del PIB (Producto Interno Bruto).

[78] Por esta razón una de las grandes preocupaciones de la teoría económica convencional es el sacrificio del consumo, la frugalidad, para que se invierta y haya "crecimiento económico". Igualmente, al invertirse más, se puede obtener más plusvalía y con ello aumentar la tasa de ganancia, por lo que la frugalidad también llega a ser vista como una *justificación* de la ganancia. Sobra decir que la ciencia economía no debe brindar justificaciones para la existencia de la ganancia, sino explicaciones de la misma.

(capital-trabajo asalariado) no nada más se reproduce, sino que se reproduce en mayor extensión. *Más capital por un lado más trabajo asalariado por el otro.*

Ley general de acumulación capitalista

La manera en que se lleva a cabo la acumulación capitalista tiene ciertas características que *siempre* se *cumplen tendencialmente*, por esta razón constituyen una ley general. Puede ocurrir que por un periodo esa tendencia sea contrarrestada y tenga un proceso más lento o que por el contrario, fuerzas ajenas a la acumulación la impulsen y aceleren pero sin importar cómo suceda, por ser ley tendencial, conforme avance el tiempo la ley se cumplirá. Ahora analizaremos tres modos de manifestación que caben dentro de esta ley, pueden suceder individualmente o al mismo tiempo bajo ciertas condiciones.

Demanda creciente de trabajo

Para que la producción capitalista (como cualquier otra) siga existiendo le es indispensable seguir su propio proceso de reproducción. El proceso de reproducción capitalista es distinto a cualquier otro porque convierte dinero en capital en cada periodo y lo reinvierte. Esto genera un proceso de acumulación ininterrumpido que expande el modo de producción.

Como cada periodo se tiene más capital que antes, inmediatamente se podrá convertir en una mayor cantidad de capital constante y variable que la usada anteriormente[79]. No obstante estas cantidades de capital constante y capital variable pueden cambiar por variaciones en la composición de valor del capital. La composición de valor, porcentaje en que se divide el capital global, puede cambiar ya sea por razones propias a la dinámica de la acumulación (como incrementos en los salarios o en los precios de las materias primas) o por decisiones individuales de los capitalistas. Pero para que el capitalista pueda realizar esos incrementos tendría que alterar la manera en que son utilizados los recursos en la producción, es decir la eficacia de los medios de producción o la destreza de los

---

[79] Este es el vínculo principal entre la economía y la ecología. Al acumularse capital se requieren más recursos para obtener un "crecimiento" de igual magnitud o incluso más recursos para "crecer más". Por lo que se requieren más recursos naturales y humanos, y con ello mayor energía que las transforme en mercancías. Además, como los productores se encuentran separados y sin planeación alguna, pueden desperdiciarse recursos y desaprovecharse otros. Igualmente la acumulación conlleva ampliación y separación espacial, urbanización, etc. por lo que se requieren cada vez más recursos (medios de transporte, vías, etc.) para sostener el "crecimiento económico". Razón por la cual, no importa cuánto se reaprovechen los recursos, la magnitud de desperdicio y desaprovechamiento será mayor. Además reciclar y reutilizar no reponen esa energía perdida. Igualmente la falta de articulación entre productores y consumidores, su anárquica y errática interacción, puede llevar a consecuencias plenamente inesperadas. Sin mencionar los irresponsables manejos de las tecnologías que realizan las empresas buscando obtener mayores ganancias.

trabajadores. Estos cambios técnicos se ven reflejados en la composición técnica del capital que habíamos visto en el capítulo 3.

Composición técnica del capital

La proporción entre los medios de producción y los trabajadores empleados es la composición técnica del capital.

$$CT = \frac{q^j}{T * l^\gamma} \text{ } 80$$

Esta proporción significa que q^j medios de producción son movilizados por $T * l^\gamma$ horas de trabajo vivo.

Al incrementarse el capital en cada periodo, habrá más dinero disponible para comprar medios de producción, pero para que estos puedan utilizarse se requerirán más horas de trabajo. Pero todo depende del avance en la destreza laboral y la eficacia de los medios de producción, si estos permanecen constantes, entonces la composición técnica permanece constante, por lo que la ampliación de la producción para obtener más plusvalor demandará cada vez más fuerza de trabajo. También podría darse el caso en que la acumulación genere la apertura de nuevos mercados y que por esa razón cada periodo se requiera que se incorporen más trabajadores a la producción de lo que hubiera sido de no suceder tal cosa.

Así la tasa de crecimiento del capital constante ($\widehat{\alpha}$) será menor a la del capital variable ($\widehat{\beta}$):

$$\widehat{\alpha} = \frac{\alpha_t - \alpha_{t-1}}{\alpha_{t-1}} < \widehat{\beta} = \frac{\beta_t - \beta_{t-1}}{\beta_{t-1}} \text{ } 81$$

Esto también podría suceder si en el proceso de acumulación la eficacia de los medios de producción incrementa más rápidamente que la destreza laboral (capacidad de transformar medios de producción en mercancías), ya que para mantener el ritmo de producción sería necesario contratar más trabajadores y con ello incrementaría el porcentaje de gasto en capital variable respecto al constante.

---

[80] La composición técnica es en realidad más compleja. Hasta ahora la hemos considerado un escalar cuyo numerador engloba a todos los medios de producción, sin embargo esta manera de verlo no aplica si quisiéramos explicar la producción con n componentes distintos. Por esta razón la composición técnica es en realidad un vector como el siguiente: $\overline{CT} = \left(\frac{q^j}{T*l^\gamma}, \frac{q^k}{T*l^\gamma}, ... \right)$. Esto no significa un obstáculo o un problema para conocer empíricamente los cambios relativos entre capital constante y variable, al contrario, permite conocer el componente preciso del capital constante que fue afectado por la fuerza productiva del trabajo.

[81] El hecho de que la tasa de crecimiento del capital variable sea mayor a la del capital constante se debe al bajo nivel de la fuerza productiva. Debido a que la ciencia y sus aplicaciones tecnológicas todavía no se desarrollaban sustancialmente se dependía mucho más de la destreza laboral y de la cantidad de trabajadores empleados.

En cualquier caso si la demanda por trabajadores llegara a crecer por encima de la oferta[82] los salarios nominales aumentarían, y en caso de permanecer igual lo demás, también implicaría un incremento en los salarios reales (cantidad de bienes que pueden consumir). Sin embargo no importa cuánto aumente su salario, tal incremento no podrá capturar todo el plusvalor porque desaparecería el proceso de producción y reproducción capitalista. Tan pronto como el incremento salarial representa una amenaza para la reproducción ampliada la misma dinámica de la acumulación revierte el proceso. En cuanto decrece la acumulación por mayores precios del trabajo la acumulación disminuye, pero al hacerlo ya no se necesita la cantidad incrementada de trabajadores y así también hace disminuir los salarios a un nivel adecuado para la acumulación por medio del despido de trabajadores, ya sea por una crisis momentánea o por avances tecnológico-organizacionales.

Esta primera manifestación de la ley general de acumulación capitalista muestra que el incremento de capital implica incremento de la escala en que se aplica ese capital. Esto significa que el modo de producción capitalista se puede llevar a otros lugares[83] o profundizarse donde se encuentra. La acumulación capitalista significa incremento de explotación de recursos naturales y de trabajadores.

Disminución relativa del capital variable

Sabemos que en cada periodo los capitalistas tienen una mayor cantidad de dinero que en el periodo anterior y con ella puede cambiar la composición de valor pero para hacerlo

---

[82] En este caso la Ley de la Oferta y la Demanda, a diferencia de la teoría económica convencional, no determina los precios. Estos últimos están determinados por los valores mercantiles y por la expresión monetaria del tiempo de trabajo. En el tercer libro de *El Capital* Marx muestra cómo los valores mercantiles (o precios mercantiles) son convertidos en precios de producción de acuerdo a una tasa de ganancia promedio. Posteriormente muestra que las variaciones en la oferta y demanda alteran los precios de producción y los expresan como *precios de mercado*. Una demanda superior a la oferta incrementa el precio de la mercancía o una oferta superior a la demanda disminuye el precio. Que la demanda sea mayor a la oferta significa que "el mercado" dedicó menos tiempo de trabajo social del que se requería para cubrir las necesidades sociales. El que la oferta sea mayor a la demanda significa que los capitalistas emplearon más tiempo de trabajo social del que se requería para la satisfacción de las necesidades sociales por esa mercancía. En caso en que la oferta y la demanda son iguales entonces el precio de mercado es igual al precio de producción. El hecho de que la oferta y la demanda puedan hacer variar los precios que se observan en los mercados (por eso su nombre *precio de mercado*) **no hace que cambie la magnitud del valor,** una vez que desaparece la desigualdad entre oferta y demanda se llega al precio de producción (valor o precio mercantil bajo circunstancias que se estudian en el tercer libro de *El Capital*). Por esa razón Marx siguió el orden de investigación I-producción, II-circulación, III-proceso global, en el cual se explica cómo surgen los precios en el proceso global de producción-circulación-consumo capitalista. La oferta y la demanda únicamente expresan las oscilaciones de los precios alrededor del valor. El término 'precio de equilibrio' es una representación ideológica que se hace la teoría económica convencional del valor. Además, como los valores son más estables en el tiempo porque para que la fuerza productiva del trabajo cambie se requiere más tiempo, entonces los 'precios de equilibrio de largo plazo' también son una expresión ideológica del valor.

[83] La ampliación de los países capitalistas fuera de sus fronteras sucedió y lo sigue haciendo por la naturaleza misma del modo de producción capitalista. El imperialismo-colonialismo es un proceso inherente al capitalismo y queda explicado por la ley general de la acumulación capitalista.

requiere cambiar la manera de producir (composición técnica). Antes de ver estas variaciones analizaremos cómo influye cualitativamente la acumulación de capital.

Concentración y centralización de capital

La acumulación de capital se manifiesta en la apropiación a gran escala de lo producido por parte de la clase capitalista. Esta apropiación aumenta progresivamente y así se va concentrando la riqueza de la sociedad en la clase capitalista. Como esta es la clase propietaria de los medios de producción dirige la producción y se apropia del valor nuevo, obteniendo así cada vez más riqueza y concentrándola en sus manos. Pero junto con este proceso de concentración se da el proceso de centralización del capital. Aquellos capitalistas que concentren más capital tendrán mayores posibilidades de contratar más trabajadores, comprar más medios de producción, invertir más, incrementar su fuerza productiva del trabajo, etc. y serán estos capitalistas los que saldrán triunfantes de la competencia (esto se debe al esfuerzo incesante por obtener plusvalor extraordinario y ganar parte del mercado). Esta *centralización de capital* es el proceso por el cual va disminuyendo progresivamente la cantidad de capitales que compiten. La formación de oligopolios o monopolios es intrínseca a la naturaleza competitiva del modo de producción capitalista[84].

Con la concentración de capital comienzan a crecer los centros de trabajo, los talleres se convierten en fábricas, las fábricas pequeñas en grandes. Si antes se contrataban pocos trabajadores ahora se pueden contratar muchos. Si antes se compraban cantidades pequeñas de materias primas, instrumentos de trabajo y máquinas ahora se vuelven necesarias grandes cantidades de ellos. Esta aglomeración de medios de trabajo y trabajadores es de donde surge la cooperación en el modo de producción capitalista, con lo cual pueden manejarse más materias primas e instrumentos de trabajo con menos trabajadores por la potenciación entre ellos de sus jornadas laborales.

La concentración de capital, que activa la potencia de la cooperación es la que funda la disminución del capital variable respecto al capital constante en los albores del modo de producción capitalista. Al profundizarse la concentración, la clase capitalista se apodera cada vez más de la potencia natural de la organización y potenciación del trabajo, con lo cual puede ahorrar en cantidad de trabajadores contratados y esto abre la posibilidad de atesorar dinero para desarrollar su fuerza productiva del trabajo y/o para comprar máquinas producidas por otros capitalistas.

Así, la tasa de crecimiento del capital constante es mayor a la del capital variable:

---

[84] Un análisis más minucioso del proceso de centralización de capital corresponde a la teoría de la competencia que se presentará en el próximo trabajo. Igualmente en el estudio sobre *El Estado* debe analizarse cómo y por qué interviene este último en la regulación del proceso de centralización.

$$\widehat{\alpha} = \frac{\alpha_t - \alpha_{t-1}}{\alpha_{t-1}} > \widehat{\beta} = \frac{\beta_t - \beta_{t-1}}{\beta_{t-1}}$$

Bajo estas condiciones los cambios en la fuerza productiva del trabajo permiten prescindir de una cantidad de trabajadores en toda la economía y con ello aumentar la composición técnica promedio. Este último cambio se ve reflejado en la composición de valor, porque al disminuir un factor del capital variable y existir una cantidad de dinero sobrante entonces se dirigirá a la ampliación del capital constante (sin importar cambios en los precios) para producir más y captar mayor parte del mercado y obtener mayor plusvalía. Esta relación entre la composición técnica y la composición de valor es la composición orgánica.

Composición orgánica del capital o composición del capital

La proporción entre capital constante y capital variable que utilizan los capitalistas es exactamente la proporción que existe entre los componentes orgánicos del capital, es decir la razón entre la cantidad de dinero que dedica a la compra de medios de producción y la cantidad de dinero que dedica a la compra de fuerza de trabajo.

$$CO = \frac{C_c}{C_v} = \frac{\alpha * C}{\beta * C} = \frac{\alpha}{\beta}$$

Si utilizamos la expresión de la composición técnica podemos obtener la composición orgánica. Para poder expresarla requerimos hacer uso del salario por hora:

$$CO = \left(\frac{\rho_j}{\omega_h}\right) * \frac{q^j}{T * l^\gamma} = \frac{C_c}{C_v} \,_{85}$$

Podemos observar que:

$$CO = \left(\frac{\rho_j}{\omega_h}\right) * CT = \frac{C_c}{C_v} = \frac{\alpha}{\beta} \,_{86}$$

---

[85] Con la definición de la composición orgánica podemos ver la tasa de ganancia de la siguiente manera: $g_t = \frac{P_t}{Cc_t + Cv_t} = \frac{\sigma_t * Cv_t}{Cc_t + Cv_t} = \frac{\sigma_t}{(Cc_t + Cv_t)/Cv_t} = \frac{\sigma_t}{1 + CO} = \frac{\sigma_t}{1 + \frac{\alpha}{\beta}}$. Con lo cual puede verse que si incrementa la composición orgánica la tasa de ganancia disminuirá.

[86] Como vimos anteriormente esta cuestión es más compleja porque si desglosáramos todos los tipos de medios de producción que se usan la composición técnica no sería un número sino un vector cuyas componentes son las proporciones entre cada tipo de medio de producción y las horas de trabajo. Por esta razón para obtener la composición orgánica tendría que realizarse el producto punto o producto escalar entre la composición técnica vectorial ($\overline{CT}$) y el vector de precios ($\overline{P}$) que estaría formado por la razón entre el precio del medio de producción y el salario por hora: $\overline{CO} = \overline{CT} \cdot \overline{P} = \left(\frac{q^j}{T*l^\gamma}, \frac{q^k}{T*l^\gamma}, \dots\right) \cdot \left(\frac{\rho_j}{\omega_h}, \frac{\rho_k}{\omega_h}, \dots\right) = \left(\frac{q^j}{T*l^\gamma} * \frac{\rho_j}{\omega_h} + \frac{q^k}{T*l^\gamma} * \frac{\rho_k}{\omega_h} + \dots\right) = \frac{C_c}{C_v}$. Donde el capital constante es la suma de todos los montos en dinero que se gastan para adquirir los medios de producción, es decir es el producto escalar entre el vector de medios de producción y el vector de precios de los medios de producción.

La composición orgánica sigue el curso de la composición técnica, con la proporción entre precios de los medios de producción y salarios. Si esta razón fuera unitaria entonces la composición orgánica sería igual a la composición técnica.

Si la fuerza productiva del trabajo genera un ahorro en la cantidad de trabajadores para producir entonces disminuirá el capital variable y con ello la composición orgánica aumentará y viceversa.

$$\frac{\partial CO}{\partial C_v} = -\frac{C_c}{C_v^2}$$

Si la fuerza productiva del trabajo genera un ahorro en la cantidad de medios de producción para producir entonces disminuirá el capital constante y con ello también disminuirá la composición orgánica y viceversa.

$$\frac{\partial CO}{\partial C_c} = \frac{1}{C_v} < \frac{C_c}{C_v}$$

La composición orgánica del capital en un ramo industrial es el promedio de las composiciones orgánicas de cada uno de las empresas que la componen.

$$CO = \frac{1}{E}\sum_{e=1}^{E} CO_e$$

Una vez más, si consideráramos a todas las empresas de un ramo de producción como una sola, la composición orgánica promedio también puede calcularse como:

$$CO = \frac{\sum C_c}{\sum C_v}$$

La demanda de trabajadores disminuye porque la fuerza productiva del trabajo aumenta constantemente en toda la economía en búsqueda de plusvalor extraordinario. Para que la demanda de trabajadores aumente debe incrementar la cantidad de medios de producción que deba activar y/o la apertura de nuevos sectores. No obstante la única manera de poder obtener más medios de producción o que se abran nuevas ramas de producción es necesario que se incremente la fuerza productiva del trabajo en la producción, con lo cual indirectamente también se impulsa la sustitución de trabajadores por máquinas y mejor organización dentro del centro de trabajo, con lo cual el ciclo se repite una y otra vez. Así observamos claramente que *la contratación de trabajadores está en función de la dinámica del modo de producción*. La cantidad de trabajadores que se emplea depende de la cantidad de medios para emplearlos, el trabajo pasado domina al trabajo vivo porque lo requiere para actualizarlo, esta es la naturaleza del capital. Una naturaleza cuya tendencia apunta a requerir cada vez menos empleados.

Por esta razón la tendencia es que la oferta de trabajo se encuentra constantemente por encima de la demanda. Además el incremento de la fuerza de trabajo disponible no sigue el curso de la demanda sino de otros factores relacionados con la vida misma de los trabajadores, como podría ser su vida familiar, su posibilidad de estudios universitarios, el nivel cultural de algunas comunidades, etc. todos temas que habrían de analizarse en el libro sobre el trabajo asalariado.

Ahora, ¿por qué la oferta de fuerza de trabajo está constantemente por encima de la demanda? ¿La población obrera es culpable de tener tantos hijos y que estos no puedan conseguir empleo? La respuesta es no. No es el crecimiento absoluto de la población lo que hace insuficiente la cantidad de medios de producción para emplearlos, sino al revés, como la fuerza productiva del trabajo es de un nivel tan alto que la transformación de medios de producción requiere pocos obreros empleados, el *desempleo* aparece. Este desempleo, o exceso de oferta, significa para muchas personas en la sociedad la imposibilidad de satisfacer sus necesidades y sufrir condiciones de vida deplorables.

Todo modo de producción histórico tiene sus propias leyes de población, que por estar basadas en sus relaciones sociales de producción y la manera en que modifican su relación con el medio no pueden estudiarse en abstracto como si existieran "leyes humanas" de la población[87].

Esta *sobrepoblación relativa*, este "exceso" de personas como se presenta en la superficie del proceso, solo ocurre cuando el curso de la acumulación capitalista ha comenzado. El desempleo es un fenómeno propio del modo de producción capitalista. Además con el paso del tiempo *la existencia de esa sobrepoblación se convierte en fundamento del proceso de acumulación capitalista, una condición indispensable para su perpetuación*[88].

Ejército industrial de reserva

La sobrepoblación de obreros se convierte en un ejército de trabajadores que se encuentra al servicio del curso de la industria. Cuando en el ciclo de la acumulación la producción se encuentra en su máximo nivel y ya no puede absorber más trabajadores, deja a cierta cantidad de obreros en estado potencial para ser usado en los futuros momentos en los que la ampliación a otros mercados requiera emplear obreros. Estas variaciones también suceden en las ramas de producción que dependen de las estaciones del año, sin embargo

---

[87] La teoría poblacional que se menciona aquí y que habría de ampliarse con el libro del *Trabajo Asalariado*, es tan solo el comienzo. El desarrollo de la teoría demográfica debe estar vinculada con la teoría económica y ecológica, el conocimiento del modo de producción sirve como vínculo entre ellas.

[88] La definición usual de población económicamente activa (PEA) y desempleo no es compatible con la teoría de Marx. Una vez que ha entrado toda la familia al mercado de trabajo para poder satisfacer sus necesidades, sin importar que las mujeres sean amas de casa o los hijos no estén buscando trabajo forman parte del ejército industrial de reserva (desempleo). La población económicamente activa o inactiva no la determinan únicamente la edad o del deseo por trabajar, sino las necesidades de acumulación del modo de producción capitalista.

del tema que se trata aquí es de la existencia de un ejército de obreros que son utilizados por la industria de acuerdo al ciclo de negocios. Esto significa también que el curso de la acumulación regula las *variaciones en los salarios*.

El ejército industrial de reserva, como fundamento para la perpetuación del modo de producción capitalista también tiene la función de presionar los salarios a la baja. Anteriormente habíamos visto que de no aumentar la fuerza productiva del trabajo, el incremento del capital presionaba los salarios a la alza, lo cual disminuye las ganancias. Sin embargo, este caso sucede solo en situaciones excepcionales. Para impedir tal hecho, los capitalistas aprovechan su posición de controladores de la producción. Controlan la presión de los salarios por medio del control parcial y temporal de la oferta y la demanda, por ejemplo por medio de la sustitución de trabajadores por máquinas. Así se aseguran de mantener la rentabilidad y la perpetuación del modo de producción capitalista.

Conclusiones

Las conclusiones que nos ofrece este trabajo no son resultados sobre una investigación, sino por el contrario son un punto de partida muy poderoso para el futuro de la economía científica. Lo que nos ofrece este libro son dos cosas principalmente: (1) la comprensión clara de la teoría económica de Marx y (2) los instrumentos para llevar a cabo futuras investigaciones del modo de producción capitalista (principalmente sobre la economía) basados en la teoría marxista.

La innovación de este trabajo no se encuentra en alguna contribución teórica propiamente, ya que únicamente se expone lo que Marx ya había construido. La innovación radica en la forma en que se expone lo que Marx construyó. Esta forma de expresión que es la *formalización matemática* es dos cosas a la vez: (1) es una explicación para comprender a plenitud la teoría y dejarla claramente y firmemente establecida para no regresar a viejos debates sin fin y (2) es también un desarrollo *formal* de la teoría cuyo producto es un conjunto de instrumentos para continuar desarrollando la teoría.

La concreción de este libro logra esclarecer muchas confusiones conceptuales y las expresa de manera clara en instrumentos matemáticos (ecuaciones, funciones, etc.) que gracias a su operatividad podrán ser utilizados para futuras investigaciones y futuras creaciones de modelos cuya aplicación darán luz sobre el desarrollo histórico del modo de producción capitalista y de su estado actual.

Además la conjunción de ambos logros nos permitirá el desarrollo de la teoría económica marxista. Estos medios nuevos nos permiten proyectar una línea de desarrollo para los tomos II y III de *El Capital*, para los libros que Marx tenía en mente después de *El Capital*, también para desarrollar temas que Marx consideraba muy importantes como la competencia y también temas que ningún marxista previo o presente haya imaginado.

Para dejar claro todo lo que se encuentra en el libro concluiremos presentando un caso plenamente teórico que ejemplifique lo esencial tratado durante todo el libro.

Lo único que ya se conoce es que la jornada laboral es de 10 horas y el trabajo necesario o valor diario de la fuerza de trabajo es de 2 horas.

Por esta razón la tasa de explotación será:

$$\sigma_e = \frac{l^\gamma - l_n}{l_n} = \frac{10 - 2}{2} = 4$$

El sector que produce la mercancía dinero produce de la siguiente manera:

$$Q^{dinero} = F * T * l^\gamma = 2 * 10 * 10 = 200$$

Por lo que el valor de la mercancía dinero es:

$$v_{dinero} = \frac{1}{F} = \frac{1}{2} \frac{horas}{unidades}$$

Por lo que la expresión monetaria del tiempo de trabajo es:

$$m = \frac{1}{1/2} = 2$$

Por lo que los salarios son:

$$\omega = m * vd_{ft} = 2 * 2 = 4$$

El sector que produce los medios de producción, presenta lo siguiente:

$$q^j = F_j * T * l^\gamma = 0.4 * 15 * 10 = 600$$

$$v_j = \frac{1,500}{600} = 2.5$$

$$\rho_j = m * v_j = 2 * 2.5 = 5$$

El sector que produce la mercancía final utiliza su capital de la siguiente manera:

$$C_C = \rho_j * q^j = 5 * 600 = 3,000$$

$$C_v = \omega * T = 4 * 30 = 120$$

$$C_0 = C_C + C_v = 3,120$$

Por lo que la composición de valor es:

$$\alpha = \frac{3,000}{3,120} = 0.96153$$

$$\beta = \frac{120}{3,120} = 0.03846$$

Por lo que la composición orgánica de este sector es:

$$CO = \frac{C_c}{C_v} = \frac{3,000}{120} = 25$$

Y tiene los siguientes datos para su producción:

$a = 3, b = 6, F = 2$

$$CT = \frac{q^j}{T * l^\gamma} = \frac{600}{300} = \frac{b}{a} = \frac{6}{3} = 2$$

Por lo que produce:

$$q^i = F_i * \left[\frac{b * T * l^\gamma + a * q^j}{2} \right] = 2 * \left[\frac{6 * 30 * 10 + 3 * 600}{2} \right] = 3,600$$

El plusproducto y producto necesario son:

$$q_s = \left(\frac{8}{10} \right) * 3,600 = 2,880$$

$$q_n = \left(\frac{2}{10} \right) * 3,600 = 720$$

El valor de la mercancía final es:

$$v_i = \frac{300 + 1,500}{3,600} = \frac{1}{2}$$

$$\rho_i = 1$$

En toda la economía se emplean 1,900 horas ($100 + 1,500 + 300$). Por lo que el nivel de precios es:

$$P = 2 * 1,900 = 3,800$$

El plusvalor que obtiene el sector de la mercancía final es:

$$P = m * T * (l^\gamma - l_n) = 2 * 30 * 8 = 480$$

Por lo que el capital disponible para el siguiente periodo es:

$$C_1 = C_0 + P = 3,120 + 480 = 3,600$$

$$C_1 = C_0 * [\alpha + \beta * (1 + \sigma)] = 3,600$$

La tasa de ganancia de este sector es:

$$g = \frac{P}{C_0} = \frac{480}{3,120} = 0.1538 = 15.38\%$$

Si ahora los capitalistas de este sector deciden gastar 272 de los 480 de plusvalor entonces el capital disponible para invertir será de 3,328 (requiriendo 640 unidades de medios de producción y 32 trabajadores). Como no hay mejoras en la fuerza productiva del trabajo la tasa plusvalor, la composición de valor, la composición técnica y la composición orgánica permanecerán constantes y ello el capital que tendrá en el siguiente periodo será:

$$C_2 = 3,328 * [\alpha + \beta * (1 + \sigma)] = 3,840$$

Con ello la tasa de ganancia permanecerá constante en 15.38%.

Si la destreza del trabajo incrementara a 8 y la eficacia de los medios de producción permaneciera constante, pero el sector no cuenta con un capital mayor para adquirir trabajo vivo, y los demás sectores tampoco requirieran más trabajo vivo entonces se incorporarían 8 trabajadores al ejército industrial de reserva:.

$$a * q^j = b * T * l^\gamma$$

$$3 * 640 = 8 * 24 * 10$$

Se contrataban 32 trabajadores con el capital de 3,328, pero ahora con la mejora en la destreza del trabajo únicamente se contratarán 24.

Los casos son múltiples y este ejemplo no analizada todos, sin embargo deja claro todo lo nuevo que se ha presentado en este libro.

Bibliografía

Althusser, L. (1973), *Los aparatos ideológicos del estado. Freud y Lacan*. Del barco, Oscar; Román, Enrique; I. Molina Oscar (trad.). México. Siglo XXI.

Böhm-Bawerk, Eugen (1947), *Capital e Interés*. Silva Carlos (trad.). México. Fondo de Cultura Económica.

Chapela, Leonardo y Obregón, Carlos (1980), "El valor de la teoría del valor", en *La teoría del valor*. Enrique Leff (coord.). México. UNAM.

Coriat, Benjamin (1982), *El taller y el cronómetro. Ensayo sobre el taylorismo, el fordismo y la producción en masa*. Figueroa Pérez, Juan Manuel (trad.). México Siglo XXI.

_____, (1992), *El taller y el robot. Ensayos sobre el fordismo y la producción en masa en la era de la electrónica*. México. Siglo XXI.

De brunhoff, Suzanne (1974), *La política monetaria*. De la Peña María Dolores (trad.). México. Siglo XXI.

Foucault, Michel (1970), *La arqueología del saber*. Aurelio Garzón del Camino (trad.). México. Siglo XXI.

Freeman, Alan y Kliman, Andrew (2000) "*Two Concepts of Value, Two Rates of Profit, Two Laws of Motion*," Research in Political Economy Vol. 18, 2000, p. 260

Harvey, David (1990), Los límites del capitalismo y la teoría marxista. México. Fondo de Cultura Económica.

Hilferding, Rudolf (1971), *El capital financiero*. La Habana. Instituto cubano del libro.

Kliman, Andrew (2007), *Reclaiming Marx's Capital. A Refutation of the Myth of Inconsistency*. Estados Unidos de América, Lexington Books.

Lebowitz, Michael A. (2003), *Beyond Capital: Marx's Political Economy of the Working Class*, Reino Unido. Palgrave Macmillan.

Leff, Enrique (1980), "La teoría del valor en Marx frente a la revolución científico-tecnológica", en *La Teoría del Valor*. Enrique Leff (coord.). México. UNAM.

Mandel, Ernest (1969), *Tratado de economía marxista*. Díez del Corral Francisco (trad.). México. Era. Serie popular era. Vol.1

Marx, Karl (1975), *El Capital*. Pedro Scaron (trad.) México, Siglo XXI, Tomo I. Vol. I

_____, (1975), *El Capital*, México, Siglo XXI, Tomo I. Vol. II

_____, (1975), *El Capital*, México, Siglo XXI, Tomo I. Vol. III

Moseley, Fred (2003), *Money and Totality: Marx's Logic in Volume 1 of Capital,* en R. Belloriore and N. Taylor (eds.), The Constitution of Capital: Essays on Volume 1 of Capital,Palgrave

_____, (2004), *"The monetary expression of labor"*: in the case of Non-commodity Money. http://www.mtholyoke.edu/~fmoseley/Working_Papers_PDF/melt.pdf

Rubin, Isaac Illich (1974), "Teoría marxista del fetichismo de la mercancía" en Ensayo sobre la teoría marxista del valor. Míguez Néstor (trad.). México Siglo XXI.

Valle, Alejandro (1978), "Valores y precios de producción" *Investigación Económica* Num. 146, octubre-diciembre de 1978, pp.169-203.